# Betty Crocker

# RECETTES FAIBLES EN GLUCIDES

Couper les glucides et les gras grâce à
des recettes faciles et délicieuses

A·D·A
éditions

Copyright © 2005 General Mills
Titre original anglais : Betty Crocker Low-Carb Lifestyle Cookbook
Copyright © 2009 Éditions AdA Inc. pour la traduction française
Cette publication est publiée en accord avec Wiley Publishing, Inc.,
Hoboken, NJ

Marques de commerce : NutraSweet® est une marque déposée de
NutraSweet Property Holdings, Inc. SPLENDA® est une marque déposée de
McNeil-PPC, Inc. Toutes les autres marques mentionnées ici sont la propriété
de General Mills. L'éditeur n'est associé d'aucune façon avec les produits ou
les fournisseurs mentionnés dans ce livre.

ISBN 978-2-89565-485-8
Première impression : 2009
Dépôt légal : 2009
Bibliothèque et Archives nationales du Québec
Bibliothèque Nationale du Canada

**Éditions AdA Inc.**
1385, boul. Lionel-Boulet
Varennes, Québec, Canada, J3X 1P7
Téléphone : 450-929-0296
Télécopieur : 450-929-0220
**www.ada-inc.com**
**info@ada-inc.com**

**Diffusion**
Canada : Éditions AdA Inc.
France : D.G. Diffusion
Z.I. des Bogues
31750 Escalquens — France
Téléphone : 05-61-00-09-99
Suisse : Transat — 23.42.77.40
Belgique : D.G. Diffusion — 05-61-00-09-99

**Imprimé en Chine**

Participation de la SODEC.
Nous reconnaissons l'aide financière du gouvernement du Canada par
l'entremise du Programme d'aide au développement de l'industrie de
l'édition (PADIÉ) pour nos activités d'édition.
Gouvernement du Québec - Programme de crédit d'impôt pour l'édition de
livres — Gestion SODEC.

**Catalogage avant publication de Bibliothèque et Archives
nationales du Québec et Bibliothèque et Archives Canada**

Crocker, Betty
   Recettes faibles en glucides : couper les glucides et les gras grâce à des
recettes faciles et délicieuses
   Traduction de: Betty Crocker low-carb lifestyle cookbook.
   ISBN  978-2-89565-485-8
   1. Régimes hypoglucidiques - Recettes. 2. Régimes hypolipidiques -
Recettes. I. Titre.
RM237.73.C7614 2009   641.5'6383   C2008-942670-3

Photo de la couverture : Darne de flétan au citron
et à l'ail (page 150)

**AdA**

**ÉDITEUR :** François Doucet

**TRADUCTION :** Kurt Martin

**RÉVISION LINGUISTIQUE :** Isabelle Veillette

**CORRECTION D'ÉPREUVES :** Nancy Coulombe, Suzanne Turcotte

**MISE EN PAGES :** Sylvie Valois

**GRAPHISME DE LA PAGE COUVERTURE :** Matthieu Fortin

**COVER DESIGN:** Paul Dinovo

**DESIGN DE LA COUVERTURE :** Jeff Faust

**DESIGN INTÉRIEUR :** Holly Wittenberg

**DÉVELOPPEMENT ET ESSAI DES RECETTES :** Betty Crocker Kitchens

**PHOTOGRAPHIES ET STYLISTE CULINAIRE :** General Mills Photo Studios

TESTÉ ET APPROUVÉ PAR
LES CUISINES BETTY CROCKER

Le sceau des cuisines Betty Crocker vous garantit des résultats impeccables dans votre cuisine. Chaque recette a été
testée dans les cuisines les plus fiables d'Amérique pour
épouser nos normes élevées de fiabilité, facilité de préparation et goût exceptionnel.

POUR D'AUTRES IDÉES FANTASTIQUES, VISITEZ

*BettyCrocker*.com

# Chers lecteurs et lectrices,

À notre époque, tout le monde parle de glucides! Si vous souhaitez diminuer votre consommation de glucides, adopter une diète saine et équilibrée, *Recettes faibles en glucides* de *Betty Crocker* vous montrera comment y arriver. Les recettes sont non seulement faibles en glucides et en calories, elles sont également faibles en matières grasses!

Des conseils santé pour un mode de vie contenant peu de glucides vous aideront à trouver la meilleure façon de diminuer les glucides sans toutefois les éliminer. Prenez le temps de lire les informations sur la façon d'être attentif à la grosseur des portions, de demeurer actif et de suivre une diète équilibrée incluant des grains entiers. Si vous planifiez un menu, dressez une liste d'épicerie où vous vous demandez tout simplement quoi manger, consultez nos tableaux utiles, tels «Bonne gestion des glucides», qui indique la teneur en glucides, lipides et calories pour les aliments courants, «Collations et desserts faibles en glucides», et plus encore. Le tableau-navigateur de recettes a été conçu pour offrir en un coup d'œil la quantité de glucides contenue dans chaque recette de ce livre — et les recettes sont répertoriées de la teneur la plus faible à la plus élevée en glucides!

Avec 150 recettes délicieuses, vous pouvez diminuer les glucides sans compromettre le goût ou la valeur nutritive de vos plats. Dégustez de succulents plats principaux, telles les Côtelettes de porc au miel et à la moutarde, d'invitants hors-d'œuvre, tels les Nachos aux crevettes, et des recettes réconfortantes comme les Gaufres au blé entier. Lorsque vous êtes pressé pour préparer le dîner, cherchez les recettes marquées ◖ **super express**, qui peuvent être préparées en 30 minutes ou moins. Il est indiqué de façon claire la quantité totale de glucides et la valeur des glucides assimilables (glucides nets), en plus de la valeur nutritive complète de chaque recette. Plusieurs recettes sont accompagnées d'une capsule «info-glucides» donnant des informations sur les glucides et des idées de présentation ou de substitution.

Grâce à *Recettes faibles en glucides de Betty Crocker*, vous trouverez de nombreuses façons d'améliorer la saveur de vos plats sans augmenter la quantité de glucides ingérée!

Cordialement,

*Betty Crocker*

**Ragoût de bœuf, façon bolognaise**

# Table des matières

# Conseils santé pour un mode de vie comportant peu de glucides

Choisir un mode de vie sain vous apportera, à vous et à votre famille, de nombreux avantages et gratifications. Certaines personnes choisiront d'y parvenir lentement et sûrement, tandis que d'autres s'y engageront à toute vapeur. Quelle que soit la méthode qui vous convienne, les informations, les tableaux et les recettes de ce livre vous aideront à tenir le cap.

Au cours des dernières années, davantage de gens ont réduit la teneur en glucides de leur alimentation afin de perdre du poids. Mais que sont les glucides et quels aliments en contiennent ? Voilà de bonnes questions, et il existe de nombreux malentendus quant à leurs réponses. Tous les aliments se répartissent dans trois classes de nutriments principaux : glucides, protéines et lipides. En gros, si les aliments que vous consommez ne sont pas des protéines, telles la viande rouge ou la volaille, et qu'ils ne sont pas des lipides, tels le beurre ou l'huile, alors vous mangez des glucides, tels les céréales, pâtes alimentaires, riz, fruits, légumes, lait et sucreries. Avons-nous besoin des glucides ? Oui, sans l'ombre d'un doute. Ils sont indispensables à une bonne nutrition parce qu'ils fournissent du carburant pour combler les besoins énergétiques de notre corps, et qu'ils apportent des nutriments importants comme les vitamines ou les minéraux. Éliminer ou limiter radicalement les sources de glucides peut entraver le bon fonctionnement de l'organisme.

Puisque les glucides se retrouvent dans de nombreux aliments, ont un bon goût et représentent souvent une gâterie réconfortante, ils tendent à occuper une grande part de notre alimentation. Si vous considérez limiter votre consommation de glucides, pensez à la modération, non à la privation. Le service du gouvernement américain responsable du contrôle des produits pharmaceutiques et alimentaires (Food and Drug Administration) n'a jusqu'ici établi aucune définition officielle pour l'expression « faible en glucides ». En gardant cela à l'esprit, vous serez heureux d'apprendre que nos recettes s'inscrivent dans un mode de vie comportant peu de glucides, tout en apportant d'autres éléments nutritifs importants.

La teneur en glucides a été établie de la façon suivante : tous les plats principaux en contiennent 20 g ou moins par portion, et les autres recettes, 9 g ou moins par portion. De plus, les recettes ont également une teneur réduite en matières grasses, les plats principaux en contenant 10 g ou moins par portion, et toutes les autres recettes, 3 g ou moins par portion. Et toutes les recettes contiennent 500 calories ou moins par portion et ont une teneur modérée en sodium (960 mg ou moins par portion).

Le fait de réduire les glucides aide également à réduire les calories, parce que les choix alimentaires peuvent être contrôlés et restreints ; mais aucun aliment ou groupe alimentaire n'apporte de solutions magiques pour perdre du poids. De plus, les effets à long terme d'une diète hypoglucidique ne sont pas encore documentés, ce qui signifie que ses effets sur la santé et la charge pondérale ne sont pas connus. C'est pourquoi une approche modérée est préférable à une approche extrême.

L'une des recommandations principales pour une bonne santé est de maintenir un poids santé. L'atteinte de cet objectif peut s'avérer plus facile à dire qu'à faire. Mais la clé pour une gestion réussie du poids a toujours impliqué trois éléments de base : *alimentation équilibrée, contrôle des calories et exercice*. Le résultat ? C'est que les calories ingérées doivent correspondre aux calories dépensées, peu importe leur provenance — y compris les glucides. Pour perdre du poids, vous devez ingérer moins de calories et faire plus d'exercice. Vous aimez le pain, les pommes de terre, les pâtes alimentaires et le riz ? Vous pouvez toujours en manger, mais faites-le moins souvent, tout en surveillant la grosseur des portions — mangez-en juste un peu moins. Par exemple, un accompagnement de pommes de terre devrait correspondre à 125 ml (1/2 tasse), et une portion de pâtes seules, avant de les garnir de sauce, devrait être de 250 ml (1 tasse). Parfois, nous garnissons nos aliments préférés riches en glucides avec des produits riches en matières grasses, comme du beurre sur le pain, du fromage sur les craquelins et de la crème sure sur des pommes de terre cuites au four. Les calories provenant de ces extras peuvent s'additionner rapidement. Vous pouvez toujours les utiliser, mais choisissez les versions à teneur réduite en matières grasses.

# Les quatre éléments clés d'une diète équilibrée

Que vous cherchiez à perdre du poids ou non, votre mère avait raison : vous avez toujours besoin de suivre une diète équilibrée. Essayez de suivre ces quatre importantes stratégies.

**1** Lorsque vous consommez des glucides, cherchez les grains entiers et les fibres pour obtenir la meilleure valeur nutritive.

Mangez chaque jour au moins trois portions d'aliments faits de grains entiers, comme du pain à 100 % de blé entier, du riz complet, du gruau à l'ancienne ou à cuisson rapide, des pâtes alimentaires au blé entier et des céréales de grains entiers telles Cheerios®. Remplacez la moitié de la farine blanche par de la farine de blé entier lorsque vous cuisinez. Les grains entiers sont riches en fibres, vitamines, minéraux et antioxydants importants. Ces éléments nutritifs sont indispensables dans le cadre d'une alimentation équilibrée.

## Pourquoi les grains entiers sont-ils si intéressants ?

Les grains entiers offrent la « totale », incluant tous les éléments nutritifs et les bénéfices pour la santé. Les aliments faits avec des céréales raffinées perdent le son et le germe, et même s'ils sont plus tard enrichis, seulement certains des éléments nutritifs se trouvent ainsi réintroduits. Les aliments aux grains entiers comprennent tous les composants du grain, et si seulement un de ces composants est absent, il ne s'agit plus de « grains entiers ».

• Le son (l'enveloppe externe) contient des fibres, des vitamines du groupe B et des traces de minéraux ;

• L'endosperme (le centre) fournit de l'énergie sous la forme de glucides et de protéines ;

• Le germe (la nourriture de la graine) fournit des antioxydants.

Outre le blé, il existe de nombreuses variétés de grains entiers : amarante, avoine entière, boulgour, céréales panifiables (blé entier, seigle, avoine), céréales prêtes à consommer (grains entiers, blé entier), épeautre, farine de blé entier, grains de blé, orge, quinoa, riz complet et sarrasin. Mais il y a plus encore ; jetez un coup d'œil à toutes les bonnes choses que renferment les grains entiers :

| Éléments nutritifs | Sources |
|---|---|
| Fibre | Certaines céréales, tels l'avoine, le maïs, l'orge et le seigle, sont de bonnes sources de fibres solubles ; les recherches montrent qu'elles peuvent aider à réduire le taux de cholestérol sanguin. |
| Acide folique | Les aliments aux grains entiers, telles les céréales prêtes à manger, sont souvent enrichis d'acide folique, une vitamine qui, selon les chercheurs, peut aider à réduire le risque de maladies du cœur. |
| Vitamines du groupe B | Libèrent l'énergie des aliments, aident votre corps à utiliser les protéines et favorisent le bon fonctionnement du système immunitaire. |
| Antioxydants | Les grains entiers contiennent de la vitamine E, du sélénium et des flavonoïdes, aussi connus comme antioxydants. Ces éléments nutritifs protègent les cellules contre la détérioration causée par les radicaux libres, qui sont des substances pouvant favoriser l'accumulation de cholestérol dans les artères. |
| Magnésium | Il permet de développer et de maintenir des os forts. |
| Zinc | Il favorise la croissance cellulaire et la guérison. |
| Phytonutriments | Ils peuvent aider à protéger des maladies chroniques. |

## Comment puis-je savoir s'il s'agit de grains entiers?

Des appellations telles « pain multigrain » ou « craquelin au blé » peuvent laisser penser qu'il s'agit de produits faits de grains entiers. Mais il est préférable de lire les étiquettes. Certains produits céréaliers ne contiennent pas beaucoup, voire aucun ingrédient à grains entiers. Voici comment vérifier s'il s'agit vraiment d'aliments faits à partir de grains entiers :

**Parcourez la liste des ingrédients :** les aliments faits de grains entiers affichent comme premier ingrédient un grain entier — blé, avoine, maïs ou riz. Les mots « entier », « complet » ou « grains entiers » apparaissent après le nom de la céréale, par exemple, « avoine entière ». Cherchez également les mots « à 100% de blé entier » ou « à 100% de grains entiers ».

**Allégation santé :** les aliments qui contiennent un fort pourcentage de grains entiers pourront inscrire l'allégation suivante sur l'étiquette : « Une alimentation saine comportant une grande variété de légumes, de fruits et de produits à grains entiers peut réduire le risque de maladies cardiovasculaires. »

## 2 Mangez au moins 5 portions de fruits et légumes chaque jour.

La plupart des légumes contiennent moins de glucides que les fruits. Si vous surveillez votre consommation de glucides, concentrez-vous alors sur les légumes, en essayant d'en manger davantage si nécessaire. Évitez toutefois d'éliminer les fruits, puisqu'ils contiennent de nombreux éléments nutritifs importants. En fait, les fruits représentent une solution de rechange intéressante aux desserts riches en matières grasses. Les fruits et les légumes sont de véritables centrales de vitamines, et de certains antioxydants et fibres.

## 3 Consommez 2 à 3 portions de produits laitiers partiellement écrémés chaque jour.

Les produits laitiers comme le lait écrémé et le yogourt faible en matières grasses sont riches en calcium, un élément qui favorise des os solides. Celui-ci pourrait aider à brûler davantage de graisse dans le cadre d'une diète riche en calcium et limitant les calories pour perdre du poids.

## 4 Mangez 2 à 3 portions de viande maigre, de volaille ou de poisson chaque jour.

Visez au moins 2 à 3 portions de poisson chaque semaine. Les poissons comme le saumon et le thon sont riches en acide gras oméga-3, dont l'American Heart Association recommande la consommation dans le cadre d'une diète salutaire pour le cœur. Les viandes maigres et la volaille sont de bonnes sources de protéines et contiennent les éléments essentiels : fer et zinc. Ces sources de protéines ne contiennent pas de glucides, mais ajoutent des calories et des lipides. Voyez comment sélectionner des sources de protéines faibles en matières grasses grâce au tableau suivant :

### Valeur nutritive de certaines viandes

| source de protéines (3 oz [85 g], viande cuite) | Calories | Lipides (g) | Lipides saturés (g) |
|---|---|---|---|
| *Poulet* | | | |
| Poitrine, sans peau, cuite au four | 150 | 4 | 1 |
| Poitrine, avec peau, cuite au four | 190 | 9 | 2 |
| Cuisse, sans peau, cuite au four | 175 | 8 | 2 |
| Cuisse, avec peau, cuite au four | 215 | 14 | 5 |
| Pilon, avec peau, frit | 200 | 11 | 3 |
| Ailes, avec peau, frites | 300 | 21 | 6 |
| Croquettes, panées, frites | 285 | 18 | 4 |
| *Dinde* | | | |
| Viande blanche, sans peau, cuite au four | 145 | 4 | <1 |
| Viande blanche, avec peau, cuite au four | 160 | 6 | 2 |
| Viande brune, sans peau, cuite au four | 160 | 6 | 2 |
| Viande brune, avec peau, cuite au four | 180 | 9 | 3 |
| Hachée, poitrine | 160 | 6 | 2 |
| Hachée, normale | 200 | 12 | 3 |
| *Bœuf* | | | |
| Intérieur de ronde | 155 | 4 | 1 |
| Noix de ronde | 155 | 4 | 1 |
| Pointe de surlonge | 165 | 6 | 2 |
| Extérieur de ronde | 165 | 6 | 2 |
| Haut de surlonge | 165 | 6 | 2 |
| Contre-filet | 175 | 8 | 3 |
| Filet | 180 | 9 | 3 |
| *Porc* | | | |
| Filet | 140 | 4 | 1 |
| Côtelette | 180 | 8 | 3 |
| Rôti de longe | 180 | 9 | 3 |

## Surveillez vos portions

De grosses portions ajoutent des calories, c'est pourquoi il est avantageux de connaître la grosseur des portions santé et de savoir comment les évaluer.

Voici des exemples pour vous aider à visualiser les portions :

• 1 fruit ou un légume de grosseur moyenne = la grosseur d'une balle de tennis ;

• 250 ml (1 tasse) = environ la taille d'un poing de femme ;

• 30 g (1 oz) de fromage = deux dominos ou la grosseur d'une disquette ;

• 5 ml (1 c. à thé) de beurre ou de beurre d'arachide = environ la taille du bout de votre pouce ;

• 30 g (1 oz) de noix = remplissent la paume de votre main ;

• 85 g (3 oz) de viande = un jeu de cartes ou une cassette audio ;

• 1 petite banane = taille d'un étui à lunettes.

Pour vous aider à contrôler vos portions :

• Essayez d'« en avoir plus pour votre argent » lorsque vous mangez à l'extérieur. Certains plats principaux suffisent à nourrir deux personnes, alors partagez un repas ou ramenez l'autre moitié à la maison pour le lendemain ;

• Cuisinez à la maison ! Il est plus facile de contrôler la grosseur des portions lorsque vous êtes responsable des repas ;

• Lisez attentivement les étiquettes. La valeur nutritive inscrite sur les emballages contient des informations importantes sur les éléments nutritifs et la grosseur des portions ;

• Vérifiez régulièrement la grosseur des portions, car notre perception a tendance à changer selon nos envies. (Surveillez également les petits extras, comme cette petite tranche que vous coupez pour égaliser le bord d'un dessert. Nous pensons qu'ils sont sans importance, mais ce n'est pas le cas !)

## Soyez actif !

Un mode de vie sain et un programme amincissant réussi comprennent tous les deux de l'activité physique. Visez au moins 30 à 60 minutes d'activité physique sous une forme ou une autre chaque jour. Il n'est pas nécessaire de faire des exercices exigeants au d'adhérer à un club d'entraînement pour obtenir des résultats. Voici certaines façons d'introduire des exercices dans votre vie :

• Garez votre voiture plus loin de l'entrée ;

• Prenez les escaliers, et montez et descendez les marches des escaliers mécaniques lorsque c'est possible ;

• Prenez le chemin le plus long lorsque vous marchez à l'extérieur, dans votre milieu de travail ou au centre commercial ;

• À l'aéroport, marchez dans le hall et les corridors plutôt que d'emprunter les trottoirs roulants. Si vous êtes pressé, marchez sur le trottoir roulant !

• Marchez pendant le repas du midi ou les pauses ;

• Faites de l'exercice avec un ami pour vous motiver ;

• Essayez un nouveau sport pour rompre la routine ;

• Jouez avec vos enfants ;

• Promenez votre chien (ou votre chat !) ;

• Utilisez du matériel de culture physique à la maison, tels des poids ou un ballon d'exercice ;

• Faites plusieurs voyages au lieu d'un seul. Par exemple, au lieu de rentrer deux sacs d'épicerie à la fois dans la maison, prenez-en seulement un à la fois.

# Les nouvelles récentes

## Index glycémique

En plus des diètes à teneur réduite en glucides, vous avez probablement déjà entendu parler de l'index glycémique. De quoi s'agit-il ? L'index glycémique est un outil de contrôle permettant de prévoir comment augmentera la glycémie d'un individu après qu'il ait consommé des aliments particuliers contenant des glucides. Une échelle numérique montre quels aliments entraînent les augmentations les plus élevées et les plus faibles du glucose sanguin. Tout le monde ne s'entend pas pour dire que l'index glycémique est un facteur significatif ou fiable pour planifier votre consommation quotidienne de nourriture. La plupart des aliments contenant des glucides ne sont pas consommés seuls, et une fois que les aliments sont mélangés, la réponse glycémique du corps peut varier. De plus, l'index ne tient pas compte de la valeur nutritive des aliments.

## Régime volumétrique

Le principe de base du régime volumétrique est que manger moins et couper des calories causent un sentiment de faim et de privation, ce qui rend la gestion du poids plus difficile. Mais en choisissant soigneusement les types d'aliments que vous consommez, vous pouvez toujours contrôler les calories et être rassasié, tout en obtenant les éléments nutritifs dont vous avez besoin. La théorie veut que les aliments qui rassasient le plus soient ceux ayant une forte teneur en eau. Voici des exemples de ces aliments : fruits, légumes, lait partiellement écrémé, grains cuits (comme le riz complet et le boulgour), sources de protéines maigres, haricots, soupes, ragoûts, casseroles, pâtes avec des légumes et desserts à base de fruits. De plus, on peut ajouter des fibres aux plats pour augmenter la masse et le pouvoir rassasiant, tout en réduisant les calories par portion et en diminuant la « densité énergétique ». Les aliments à densité énergétique élevée fournissent un grand nombre de calories dans une petite masse, tandis que les aliments à faible densité énergétique contiennent moins de calories pour le même poids. Par exemple, pour obtenir 100 calories, vous pouvez choisir entre 60 ml (1/4 tasse) de raisins secs ou 470 ml (2 tasses) de raisins frais ; les raisins frais vous rassasieront davantage.

## Remplacez les glucides !

Il y a toujours des décisions à prendre. Si vous cherchez des façons simples de remplacer certains de vos aliments et boissons préférés, prenez le temps de lire nos suggestions faciles à adopter.

| Produit original | Produit de remplacement |
|---|---|
| Boisson chai au lait | Thé chai sans lait |
| Bonbon | Bonbon sans sucre |
| Céréales sucrées | Céréales de blé entier ou d'avoine entière |
| Cheeseburger | Bœuf haché maigre à 93 % et fromage faible en gras entre deux tranches de laitue iceberg |
| Craquelins, avec fromage ou beurre | Craquelins aux grains entiers faibles en gras ou petites galettes de riz |
| Crème de blé (céréales chaudes) | Flocons d'avoine à l'ancienne ou à cuisson rapide |
| Ketchup | Ketchup sans sucre ou moutarde de Dijon |
| Lemonade, sucrée | Limonade sans sucre |
| Mélange à chocolat chaud avec guimauves miniatures | Mélange à chocolat chaud sans sucre |
| Moka au lait | Petit moka au lait sans sucre |

| Produit original | Produit de remplacement |
|---|---|
| Nachos | Poivrons en nachos, page 38 |
| Pain blanc | Pain à 100 % de blé entier |
| Pâtes, ordinaires | Pâtes au blé entier ou partiellement faites de blé entier |
| Riz blanc | Riz complet (brun) ou riz sauvage |
| Roulé au poulet thaï (dans une tortilla) | Garniture de roulé dans des feuilles de laitue |
| Sandwich à la dinde et au fromage avec mayonnaise | Dinde, moutarde ou mayonnaise faible en gras et fromage faible en gras roulés dans des feuilles de laitue |
| Sauce barbecue | Sauce barbecue sans sucre ou moutarde de Dijon |
| Smoothy, aux fruits, ordinaire | Fait avec du yogourt nature sans gras, des fruits non sucrés congelés, du lait écrémé et un édulcorant artificiel |
| Sucre granulé | Édulcorant artificiel |
| Vin blanc ou rosé | Moitié-moitié de vin et d'eau pétillante |

# 1 Hors-d'œuvre et collations

◗ = **super express** prêt en 30 minutes ou moins

# Crevettes au gingembre

Glucides **0 g**
Glucides nets **0 g**

préparation :
**15 minutes**

du début à la fin :
**2 heures
20 minutes**

**680 g (1 1/2 lb) de crevettes moyennes cuites, décortiquées et déveinées, dégelées si nécessaire**

**50 ml (1/4 tasse) de sauce soja**

**10 ml (2 c. à thé) de gingembre haché**

**50 ml (1/4 tasse) de vinaigre blanc**

**30 ml (2 c. à soupe) de sucre**

**30 ml (2 c. à soupe) de saké ou de jus de pomme**

**7 ml (1 1/2 c. à thé) de sel**

**2 ou 3 oignons verts de grosseur moyenne, tranchés finement, soit 30 à 45 ml (2 à 3 c. à soupe)**

1 Dans un récipient en verre ou en plastique de 28 x 17,5 cm (11 x 7 po), disposer en une seule couche les crevettes. Dans une casserole de 1 l (4 tasses), porter la sauce soja à ébullition, à feu vif. Incorporer le gingembre. Réduire la chaleur à feu moyen. Laisser frémir à découvert pendant environ 5 minutes ou jusqu'à ce que le liquide ait réduit de moitié. Incorporer le vinaigre, le sucre, le saké et le sel. Verser le mélange sur les crevettes. Couvrir et réfrigérer pendant 2 à 3 heures.

2 Retirer les crevettes de la marinade avec une cuillère à égoutter, puis les disposer sur un plat de service. Jeter la marinade. Répandre les oignons verts sur les crevettes. Servir les crevettes avec des cure-dents.

**1 crevette :** 20 cal (0 cal provenant des lipides); lipides 0 g (saturés 0 g); chol. 30 mg; sodium 210 mg; glucides nets 0 g; quantité tot. de gluc. 0 g (fibres 0 g); prot. 3 g | **% de l'apport quotidien :** vit. A 0%; vit. C 0%; calc. 0%; fer 4% | **échanges :** 1/2 viande très maigre | **CHOIX DE GLUCIDES :** 0

**Crevettes au gingembre**

Glucides **2 g**
Glucides nets **2 g**

préparation :
**20 minutes**

du début à la fin :
**20 minutes**

24 portions

# Bouchées à l'avocat et au crabe

1 avocat mûr, dénoyauté, pelé et coupé en gros morceaux

45 ml (3 c. à soupe) de mayonnaise ou de sauce à salade

10 ml (2 c. à thé) de jus de lime

1 pincée de poivre de Cayenne

1 pincée de sel

2 gros concombres, coupés en tranches de 1 cm (3/8 po), soit 24 tranches

1 paquet de 225 g (8 oz) de simili-chair de crabe en flocons, réfrigérée

Feuilles de coriandre fraîche, si désiré

1 Dans un robot ou un mélangeur, mettre l'avocat, la mayonnaise, le jus de lime, le poivre de Cayenne et le sel. Couvrir et réduire jusqu'à consistance lisse. (Si vous préférez, vous pouvez mélanger à la main.)

2 Étaler le mélange d'avocat sur chaque tranche de concombre. Garnir de chair de crabe. Saupoudrer de coriandre fraîche. Servir immédiatement.

**1 portion :** 35 cal (25 cal provenant des lipides) ; lipides 2,5 g (saturés 0 g) ; chol. 0 mg ; sodium 100 mg ; glucides nets 2 g ; quantité tot. de gluc. 2 g (fibres 0 g) ; prot. 2 g | **% de l'apport quotidien :** vit. A 0% ; vit. C 4% ; calc. 0% ; fer 0% | **échanges :** 1/2 gras | **CHOIX DE GLUCIDES :** 0

# Bombe au saumon facile à préparer

**1 paquet de 225 g (8 oz) de fromage à la crème sans gras, ramolli**

**1 boîte de 420 ml (14,75 oz) de saumon rouge ou rose, égoutté et réduit en flocons**

**45 ml (3 c. à soupe) d'oignon rouge haché fin**

**30 ml (2 c. à soupe) d'aneth frais haché ou 1 ml (1/4 c. à thé) d'aneth séché**

**15 ml (1 c. à soupe) de moutarde de Dijon**

**30 ml (2 c. à soupe) de câpres**

**Choix de craquelins de blé entier ou de pumpernickel à hors-d'œuvre**

1 Chemiser un bol ou un moule de 500 ml (2 tasses) avec une pellicule plastique. Dans un bol moyen, battre le fromage à la crème avec un mixeur électrique, à vitesse moyenne, jusqu'à consistance lisse. Incorporer le saumon, 30 ml (2 c. à soupe) d'oignon rouge, 15 ml (1 c. à soupe) d'aneth et la moutarde. Verser dans le bol chemisé de pellicule plastique, en pressant fermement. Couvrir et réfrigérer au moins 2 heures, mais pas plus de 24 heures.

2 Déposer un plat de service, face en bas, sur le bol. Retourner le bol et le plat ; enlever le bol et la pellicule plastique. Garnir avec 15 ml (1 c. à soupe) d'oignon, 15 ml (1 c. à soupe) d'aneth et les câpres. Servir avec les craquelins.

---

Glucides **1 g**
Glucides nets **1 g**

préparation :
**15 minutes**

du début à la fin :
**2 heures
15 minutes**

# info-glucides

Les craquelins de blé entier, malgré leurs glucides complexes, peuvent être riches en matières grasses. Si vous désirez savoir combien il y a de gras dans un craquelin mais n'avez plus la boîte, frottez-le avec une serviette en papier. Les craquelins qui laissent des taches de graisse sont probablement riches en matières grasses. Vous voudrez peut-être les manger en petites quantités.

---

**1 portion :** 50 cal (15 cal provenant des lipides) ; lipides 2 g (saturés 0,5 g) ; chol. 15 mg ; sodium 270 mg ; glucides nets 1 g ; quantité tot. de gluc. 1 g (fibres 0 g) ; prot. 7 g | **% de l'apport quotidien :** vit. A 4% ; vit. C 0% ; calc. 8% ; fer 0% | **échanges :** 1 viande maigre | **CHOIX DE GLUCIDES :** 0

# Billes de fromage enrobées de basilic frais

Glucides **0 g**
Glucides nets **0 g**

préparation :
**15 minutes**

du début à la fin :
**45 minutes**

125 ml (1/2 tasse) de mascarpone, soit 115 g (4 oz)*

125 ml (1/2 tasse) de gorgonzola émietté, soit 55 g (2 oz)

30 ml (2 c. à soupe) de parmesan râpé

0,5 ml (1/8 c. à thé) de poivre

24 feuilles de basilic frais, d'une longueur de 5 à 6,5 cm (2 à 2,5 po)

1 Dans un petit bol, mélanger les fromages et le poivre jusqu'à consistance homogène. Couvrir et réfrigérer pendant environ 30 minutes ou jusqu'à consistance suffisamment ferme pour façonner des billes.

2 Faire des billes avec 7 ml (1 1/2 c. à thé) de mélange au fromage à la fois. Rouler légèrement pour donner une forme ovale d'une longueur d'environ 2,5 cm (1 po). Déposer dans la partie large d'une feuille de basilic. Rouler la feuille et le fromage pour former un ovale. Répéter avec le reste du mélange de fromage et des feuilles de basilic.

3 Servir immédiatement ou couvrir de pellicule plastique, et réfrigérer jusqu'au moment du service, mais pas plus de 24 heures.

*\* On peut remplacer le mascarpone par 115 g (4 oz) de fromage à la crème, ramolli.*

**1 portion :** 30 cal (25 cal provenant des lipides); lipides 3 g (saturés 1,5 g); chol. 10 mg; sodium 45 mg; glucides nets 0 g; quantité tot. de gluc. 0 g (fibres 0 g); prot. 1 g | **% de l'apport quotidien :** vit. A 2%; vit. C 0 %; calc. 2%; fer 0% | **échanges :** 1/2 gras | **CHOIX DE GLUCIDES :** 0

**Billes de fromage enrobées de basilic frais**

Glucides **3 g**
Glucides nets **3 g**

préparation :
**25 minutes**

du début à la fin :
**1 heure
25 minutes**

# Roulés au fromage style nachos

**4 tortillas à la farine, nature, aux épinards ou aux tomates, de 20,5 à 25,5 cm (8 à 10 po)**

**125 ml (1/2 tasse) de trempette aux haricots, provenant d'une boîte de 255 ml (9 oz)**

**125 ml (1/2 tasse) de sauce au fromage et au jalapeno**

**45 à 60 ml (3 à 4 c. à soupe) d'oignon vert ou de coriandre fraîche, hachés**

1 Tartiner chaque tortilla avec environ 30 ml (2 c. à soupe) de trempette aux haricots et 30 ml (2 c. à soupe) de sauce au fromage. Répandre des oignons verts sur chacune.

2 Rouler les tortillas serrées, puis les envelopper individuellement dans une pellicule plastique. Réfrigérer au moins 1 heure, mais pas plus de 24 heures. Pour servir, couper et jeter les bouts de chaque roulé. Couper les roulés en tranche de 1,5 à 2 cm (1/2 à 3/4 po). Piquer avec des cure-dents si désiré.

**1 portion :** 25 cal (10 cal provenant des lipides) ; lipides 1 g (saturés 0,5 g) ; chol. 0 mg ; sodium 65 mg ; glucides nets 3 g ; quantité tot. de gluc. 3 g (fibres 0 g) ; prot. 0 g | **% de l'apport quotidien :** vit. A 0% ; vit. C 0% ; calc. 0% ; fer 0% | **échanges :** aucun | **CHOIX DE GLUCIDES :** 0

**Roulés au fromage style nachos**

# Minitartes à la grecque

Glucides **4 g**
Glucides nets **4 g**

préparation :
**35 minutes**

du début à la fin :
**35 minutes**

500 ml (2 tasses) d'épinards hachés congelés, provenant d'un sac de 455 g (1 lb)

1 pot de 115 ml (4 oz) de fromage à tartiner aux tomates séchées

50 ml (1/4 tasse) de féta à faible teneur en matières grasses, émietté

1 paquet de 55 g (2,1 oz) de minicoquilles à la pâte filo, congelées (15 coquilles)

1 poivron rouge de grosseur moyenne, si désiré

30 ml (2 c. à soupe) de noix de Grenoble, de pistaches ou de pacanes, finement hachées

1 Verser les épinards dans un plat allant au micro-ondes. Cuire à découvert, à intensité maximale, pendant 3 à 4 minutes ou jusqu'à ce qu'ils soient tendres. Égoutter, puis éponger avec des essuie-tout pour absorber le reste du liquide. Dans un bol moyen, mélanger les épinards, le fromage à tartiner et le féta.

2 Verser de généreuses cuillérées du mélange aux épinards dans les coquilles.

3 À l'aide d'un couteau aiguisé ou d'un emporte-pièce, couper des formes d'étoile dans le poivron. Saupoudrer le dessus des tartes de noix de Grenoble. Dresser légèrement à la verticale une étoile de poivron sur chaque tarte. Servir immédiatement ou réfrigérer jusqu'au moment de servir.

**1 minitarte :** 50 cal (30 cal provenant des lipides); lipides 3 g (saturés 1,5 g); chol. 10 mg; sodium 105 mg; glucides nets 4 g; quantité tot. de gluc. 4 g (fibres 0 g); prot. 2 g | **% de l'apport quotidien :** vit. A 25%; vit. C 0%; calc. 4%; fer 2% | **échanges :** 1/2 viande très grasse | **CHOIX DE GLUCIDES :** 0

Environ 32 portions de 30 ml (2 c. à soupe)

# Tartinade au maïs et à l'olive

Glucides **4 g**
Glucides nets **4 g**

préparation :
**5 minutes**

du début à la fin :
**5 minutes**

**2 paquets de 225 g (8 oz) de fromage à la crème sans gras, ramolli**

**1 sachet de 30 g (1 oz) de mélange à sauce pour salade style ranch**

**1 poivron rouge de grosseur moyenne, haché, soit 250 ml (1 tasse)**

**1 boîte de 122 ml (4,25 oz) d'olives mûres hachées, égouttées**

**1 boîte de 312 ml (11 oz) de grains de maïs entiers, égouttés**

**1 boîte de 128 ml (4,5 oz) de chiles verts hachés, égouttés**

**Croustilles de tortillas, si désiré**

1 Dans un grand bol, battre à la cuillère le fromage à la crème et le mélange à sauce pour salade (sec), jusqu'à consistance lisse.

2 Incorporer le reste des ingrédients, sauf les croustilles de tortillas. Servir la trempette avec ces dernières.

**1 portion :** 30 cal (5 cal provenant des lipides); lipides 0,5 g (saturés 0 g); chol. 0 mg; sodium 250 mg; glucides nets 4 g; quantité tot. de gluc. 4 g (fibres 0 g); prot. 3 g | **% de l'apport quotidien :** vit. A 10%; vit. C 15%; calc. 4%; fer 0% | **échanges :** 1/2 lait écrémé | **CHOIX DE GLUCIDES :** 0

Glucides **8 g**
Glucides nets **6 g**

préparation :
**10 minutes**

du début à la fin :
**10 minutes**

Environ 16 portions de 30 ml (2 c. à soupe)

# Hoummos

**1 boîte de 425 à 455 ml (15 à 16 oz) de pois chiches, égouttés, le liquide réservé**

**125 ml (1/2 tasse) de graines de sésame**

**1 gousse d'ail, coupée en deux**

**45 ml (3 c. à soupe) de jus de citron**

**5 ml (1 c. à thé) de sel**

**Persil frais haché**

**Pointes de pita au blé entier, craquelins au blé entier ou légumes crus, si désiré**

1   Dans un mélangeur ou un robot, verser le liquide des pois chiches, les graines de sésame et l'ail. Couvrir et mélanger à vitesse maximale jusqu'à consistance homogène.

2   Ajouter les pois chiches, le jus de citron et le sel. Couvrir et mélanger à vitesse maximale, en faisant des pauses de temps à autre pour racler les bords du récipient si nécessaire, jusqu'à l'obtention d'une consistance homogène

3   Verser le hoummos dans un bol de service. Garnir de persil. Servir avec des pointes de pain pita.

**1 portion :** 70 cal (30 cal provenant des lipides) ; lipides 3 g (saturés 0 g) ; chol. 0 mg ; sodium 180 mg ; glucides nets 6 g ; quantité tot. de gluc. 8 g (fibres 2 g) ; prot. 3 g | **% de l'apport quotidien :** vit. A 0% ; vit. C 0% ; calc. 0% ; fer 6% | **échanges :** 1/2 féculent, 1/2 gras | **CHOIX DE GLUCIDES :** 1/2

12 portions de 30 ml (2 c. à soupe) de trempette et 2 tranches de pomme

# Trempette de fruits à l'ananas et à la lime

**1 boîte de 225 ml (8 oz) d'ananas dans le jus, bien égoutté**

**250 ml (1 tasse) de crème sure à teneur réduite en matières grasses**

**15 ml (1 c. à soupe) de cassonade tassée**

**5 ml (1 c. à thé) de zeste de lime**

**2 pommes, coupées chacune en 12 tranches**

Glucides **8 g**
Glucides nets **8 g**

préparation :
**15 minutes**

du début à la fin :
**15 minutes**

1 Dans un petit bol, mélanger tous les ingrédients, sauf les pommes.

2 Couvrir et réfrigérer la trempette jusqu'au moment de servir. Servir avec les tranches de pomme.

**1 portion :** 60 cal (25 cal provenant des lipides) ; lipides 2,5 g (saturés 1,5 g) ; chol. 10 mg ; sodium 10 mg ; glucides nets 8 g ; quantité tot. de gluc. 8 g (fibres 0 g) ; prot. 0 g | **% de l'apport quotidien :** vit. A 2% ; vit. C 6% ; calc. 2% ; fer 0% | **échanges :** 1/2 fruit, 1/2 gras | **CHOIX DE GLUCIDES :** 1/2

# Kebabs au poulet glacés à l'érable

Glucides **6 g**
Glucides nets **5 g**

préparation :
**25 minutes**

du début à la fin :
**4 heures
35 minutes**

225 g (1/2 lb) de poitrine de poulet, sans peau et sans os

45 ml (3 c. à soupe) de sirop à saveur d'érable à faible teneur en calories

30 ml (2 c. à soupe) de jus de citron

15 ml (1 c. à soupe) de beurre ou de margarine, fondus

7 ml (1 1/2 c. à thé) de sauge fraîche, hachée, ou 2 ml (1/2 c. à thé) de sauge moulue

5 ml (1 c. à thé) de zeste de citron

1 ml (1/4 c. à thé) de poivre

1 poivron de grosseur moyenne, coupé en 16 morceaux

1 courge d'été jaune, coupée en deux dans le sens de la longueur, puis en 16 en diagonale

1 Enlever le gras du poulet, puis couper la viande en 24 morceaux. Dans un grand bol de verre ou de plastique, mélanger le reste des ingrédients, sauf le poivron et la courge. Incorporer le poulet, le poivron et la courge. Couvrir et réfrigérer au moins pendant 4 heures, mais pas plus de 24 heures.

2 Préchauffer le gril du four. Enfiler alternativement le poulet, le poivron et la courge sur 8 brochettes* de 20,5 cm (8 po). Mettre sur un support dans une lèchefrite. Griller pendant 2 à 3 minutes, à 10 cm (4 po) de l'élément, puis retourner. Poursuivre la cuisson pendant 2 à 3 minutes, ou jusqu'à ce que le poulet ait perdu sa coloration rosée au centre.

*Si des brochettes de bambou sont utilisées, les faire tremper dans l'eau pendant au moins 30 minutes avant de s'en servir, pour les empêcher de brûler.*

1 portion : 70 cal (25 cal provenant des lipides); lipides 2,5 g (saturés 1 g); chol. 20 mg; sodium 30 mg; glucides nets 5 g; quantité tot. de gluc. 6 g (fibres 1 g); prot. 7 g | **% de l'apport quotidien :** vit. A 6%; vit. C 15%; calc. 0%; fer 2% | **échanges :** 1 légume, 1 viande maigre | **CHOIX DE GLUCIDES :** 1/2

12 portions

# Satés au poulet

455 g (1 lb) de poitrine de poulet,
sans peau et sans os

75 ml (1/3 tasse) de sauce hoisin

75 ml (1/3 tasse) de sauce à la prune

2 oignons verts de grosseur moyenne,
tranchés, soit 30 ml (2 c. à soupe)

15 ml (1 c. à soupe) de gingembre râpé

30 ml (2 c. à soupe) de xérès sec ou de
bouillon de poulet sans gras

30 ml (2 c. à soupe) de vinaigre blanc

Glucides **9 g**
Glucides nets **9 g**

préparation :
**35 minutes**

du début à la fin :
**2 heures
35 minutes**

1 Retirer le gras du poulet, puis le couper en lanières de 1,5 cm (1/2 po).
Dans un grand bol de verre ou de plastique, mélanger le reste des ingrédients. Ajouter le poulet, puis remuer pour l'enrober du mélange. Couvrir
et réfrigérer pendant 2 heures.

2 Préchauffer le gril du four. Retirer le poulet de la marinade ; égoutter en
réservant la marinade. Enfiler deux morceaux de poulet sur chacune des
douze brochettes de 25,5 cm (10 po)*. Mettre sur un support dans une
lèchefrite. Griller à une distance de 7,5 à 10 cm (3 à 4 po) de l'élément
pendant environ 8 minutes, en retournant une fois, jusqu'à ce que le
poulet ne soit plus rose au centre.

3 Dans une casserole de 1 l (4 tasses), porter le reste de la marinade à ébullition. Faire bouillir pendant 1 minute en remuant. Servir avec le poulet.

*Si des brochettes de bambou sont utilisées, les faire tremper dans l'eau pendant au moins 30 minutes
avant de s'en servir, pour les empêcher de brûler.*

**1 portion :** 80 cal (15 cal provenant des lipides) ; lipides 1,5 g (saturés 0 g) ; chol. 25 mg ; sodium 140 mg ;
glucides nets 9 g ; quantité tot. de gluc. 9 g (fibres 0 g) ; prot. 9 g | **% de l'apport quotidien :** vit. A 2% ;
vit. C 0% ; calc. 0% ; fer 4% | **échanges :** 1/2 autre aliment, 1 1/2 viande très maigre | **CHOIX DE
GLUCIDES :** 1/2

# Bouchées au poulet et au jambon

**2 demi-poitrines de poulet, sans peau et sans os, coupées en morceaux de 1,5 à 2 cm (1/2 à 3/4 po), soit 36 morceaux**

**125 ml (1/2 tasse) de vinaigrette italienne**

**14 à 16 champignons de Paris, coupés en tranches de 5 mm (1/4 po)**

**170 g (6 oz) de jambon cuit tranché (de la charcuterie), coupé en lanières de 2,5 cm (1 po) de large**

**4 feuilles de basilic frais, effilochées**

1 Dans un bol peu profond, mettre les morceaux de poulet. Verser la vinaigrette sur le poulet. Laisser mariner à couvert pendant 30 minutes au réfrigérateur.

2 Préchauffer le four à 230 °C (425 °F). Chemiser un plat de cuisson de 38 x 25,5 x 2,5 cm (15 x 10 x 1 po) avec du papier d'aluminium. Vaporiser le papier d'aluminium avec un enduit antiadhésif. Mettre 1 morceau de poulet sur chaque tranche de champignon ; envelopper avec une lanière de jambon. Mettre le joint en dessous (le champignon en bas) dans le plat. Arroser avec le reste de la marinade provenant du bol.

3 Cuire au four pendant 10 à 12 minutes ou jusqu'à ce que le poulet ne soit plus rose au centre. Parsemer chaque bouchée de basilic. Transpercer chaque bouchée avec un cure-dent, si désiré.

**1 portion :** 30 cal (15 cal provenant des lipides) ; lipides 2 g (saturés 0 g) ; chol. 5 mg ; sodium 90 mg ; glucides nets 0 g ; quantité tot. de gluc. 0 g (fibres 0 g) ; prot. 3 g | **% de l'apport quotidien :** vit. A 0% ; vit. C 0% ; calc. 0% ; fer 0% | **échanges :** 1/2 viande maigre | **CHOIX DE GLUCIDES :** 0

Glucides **0 g**
Glucides nets **0 g**

préparation :
**10 minutes**

du début à la fin :
**55 minutes**

Bouchées au poulet et au jambon

préparation :
**25 minutes**

du début à la fin :
**1 heure
10 minutes**

# Bouchées au bacon et à la dinde

**Sauce au miel, à la moutarde et aux canneberges**

**125 ml (1/2 tasse) de gelée de canneberges**

**30 ml (2 c. à soupe) de sauce pour salade au miel et à la moutarde, sans gras**

**2 ml (1/2 c. à thé) de moutarde en poudre**

**15 à 30 ml (1 à 2 c. à soupe) de ciboulette fraîche, hachée**

**Bouchées au bacon et à la dinde**

**1 petite poitrine de dinde de 225 à 340 g (1/2 à 3/4 lb), coupée en cubes de 1,5 à 2 cm (1/2 à 3/4 po)**

**125 ml (1/2 tasse) de sauce pour salade au miel et à la moutarde, sans gras**

**8 à 10 tranches de bacon, coupées en diagonale, en trois**

1 Dans une casserole de 1 l (4 tasses), mélanger la gelée de canneberges, 30 ml (2 c. à soupe) de sauce pour salade et la moutarde. Chauffer à feu doux, en remuant de temps en temps, seulement jusqu'à l'obtention d'une consistance homogène. Tiédir. Juste avant le service, parsemer de ciboulette. Servir la sauce tiède ou froide.

2 Dans un plat peu profond, mélanger la dinde et 125 ml (1/2 tasse) de sauce pour salade. Laisser mariner à couvert pendant 30 minutes au réfrigérateur.

3 Retirer la dinde de la marinade ; jeter la marinade. Envelopper chaque cube de dinde dans un morceau de bacon ; faire tenir avec un cure-dent. Placer dans une lèchefrite non graissée.

4 Faire griller sous le gril du four, à une distance de 10 à 15 cm (4 à 6 po) de l'élément, pendant 8 à 12 minutes, en retournant une fois, jusqu'à ce que la dinde ne soit plus rose au centre et que le bacon semble croustillant. Servir avec la sauce.

**1 portion :** 40 cal (10 cal provenant des lipides); lipides 1,5 g (saturés 0 g); chol. 10 mg; sodium 105 mg; glucides nets 4 g; quantité tot. de gluc. 4 g (fibres 0 g); prot. 3 g | **% de l'apport quotidien :** vit. A 0%; vit. C 0%; calc. 0%; fer 0% | **échanges :** 1/2 viande maigre | **CHOIX DE GLUCIDES :** 0

# Pilons de poulet piquants

Glucides **4 g**
Glucides nets **4 g**

préparation :
**30 minutes**

du début à la fin :
**1 heure
15 minutes**

### Pilons

**1 kg (2 lb) de pilons de poulet (la partie charnue de l'aile qui se rattache à la poitrine), soit environ 24**

**30 ml (2 c. à soupe) de miel**

**30 ml (2 c. à soupe) de ketchup**

**10 ml (2 c. à thé) de sauce au piment rouge**

**15 ml (1 c. à soupe) de sauce Worcestershire**

### Trempette au bleu

**75 ml (1/3 tasse) de fromage cottage à petits grains**

**2 ml (1/2 c. à thé) de vinaigre de vin blanc**

**30 ml (2 c. à soupe) de lait écrémé**

**0,5 ml (1/8 c. à thé) de poivre blanc**

**1 gousse d'ail finement hachée**

**15 ml (1 c. à soupe) de fromage bleu émietté**

**Bâtonnets de céleri, si désiré**

1   Enlever la peau et le gras du poulet. Dans un sac de plastique épais refermable, mélanger le miel, le ketchup, la sauce au piment et la sauce Worcestershire. Ajouter le poulet ; remuer le poulet pour bien l'enrober de mélange au miel. Refermer le sac et réfrigérer au moins 15 minutes, mais pas plus de 24 heures, en retournant le sac de temps à autre.

2   Pendant ce temps, dans un mélangeur ou un robot, verser le fromage cottage, le vinaigre, le lait, le poivre blanc, l'ail et la moitié du bleu. Couvrir et réduire à basse vitesse jusqu'à consistance lisse et crémeuse. Verser à la cuillère dans un bol de service. Incorporer le reste du bleu. Réfrigérer à couvert jusqu'au moment de servir.

3   Préchauffer le four à 180 °C (350 °F). Chemiser un plat de cuisson de 38 x 25,5 x 2,5 cm (15 x 10 x 1 po) avec du papier d'aluminium. Mettre le poulet dans le plat. Cuire à découvert au four pendant environ 30 minutes ou jusqu'à consistance croustillante ; le jus s'écoulant du centre des pièces les plus épaisses ne doit plus être rose lorsque celles-ci sont piquées. Servir avec la trempette et les bâtonnets de céleri.

**1 portion :** 130 cal (30 cal provenant des lipides) ; lipides 3 g (saturés 1 g) ; chol. 75 mg ; sodium 140 mg ; glucides nets 4 g ; quantité tot. de gluc. 4 g (fibres 0 g) ; prot. 21 g | **% de l'apport quotidien :** vit. A 0 % ; vit. C 0 % ; calc. 4 % ; fer 10 % | **échanges :** 3 viandes très maigres | **CHOIX DE GLUCIDES :** 0

# Boulettes de viande épicées

Glucides **0 g**
Glucides nets **0 g**

préparation :
**35 minutes**

du début à la fin :
**1 heure
5 minutes**

**455 g (1 lb) de bœuf haché maigre (au moins à 80 %)**

**15 ml (1 c. à soupe) de parmesan râpé**

**5 ml (1 c. à thé) d'origan séché**

**2 ml (1/2 c. à thé) de basilic séché**

**2 ml (1/2 c. à thé) de sel d'ail**

**2 ml (1/2 c. à thé) de poivre**

**1 gros œuf**

**30 ml (2 c. à soupe) de jus de citron**

**60 ml (1/4 tasse) d'huile d'olive ou végétale**

**1 gousse d'ail finement hachée**

**1 jalapeno rouge, épépiné et finement haché**

**1 petit oignon, finement haché, soit 50 ml (1/4 tasse)**

**4 tomates de grosseur moyenne, hachées, soit 750 ml (3 tasses)\***

**15 ml (1 c. à soupe) de vin rouge sec, si désiré**

1 Dans un grand bol, mélanger le bœuf, le fromage, l'origan, le basilic, le sel d'ail, le poivre, l'œuf et le jus de citron. Façonner le mélange en boulettes de 2,5 cm (1 po).

2 Dans une poêle de 25,5 cm (10 po), chauffer l'huile à feu moyen-vif. Chauffer l'ail, le jalapeno et l'oignon dans l'huile pendant environ 5 minutes, en remuant souvent, jusqu'à ce que l'oignon soit tendre. Ajouter les boulettes de viande. Cuire, en tournant de temps en temps, jusqu'à ce que les boulettes soient dorées.

3 Incorporer les tomates et le vin ; réduire le feu. Couvrir et laisser mijoter pendant 30 minutes, en remuant de temps en temps.

*\* On peut remplacer les tomates fraîches par une boîte de 796 ml (28 oz) de tomates italiennes, bien égouttées et hachées.*

**1 boulette :** 40 cal (30 cal provenant des lipides) ; lipides 3 g (saturés 1 g) ; chol. 15 mg ; sodium 25 mg ; glucides nets 0 g ; quantité tot. de gluc. 0 g (fibres 0 g) ; prot. 3 g | **% de l'apport quotidien :** vit. A 2% ; vit. C 2% ; calc. 0% ; fer 0% | **échanges :** 1/2 viande mi-grasse | **CHOIX DE GLUCIDES :** 0

12 kebabs

# Kebabs pré et marée

**350 g (3/4 lb) de surlonge de bœuf désossée,
de 2 cm (3/4 po) d'épaisseur, dégraissées**

**12 crevettes non cuites, déveinées et
décortiquées, de grosseur moyenne ou grosse,
dégelées si nécessaire, et la queue coupée**

**125 ml (1/2 tasse) de sauce teriyaki,
provenant d'une bouteille de 284 ml (10 oz)**

**1 ml (1/4 c. à thé) de poivre noir
grossièrement moulu**

1 Couper le bœuf en 24 morceaux de 2,5 cm (1 po). Dans un bol moyen,
mélanger le bœuf, les crevettes et la sauce teriyaki. Saupoudrer de
poivre. Laisser mariner à couvert pendant 30 minutes au réfrigérateur,
en remuant souvent. Pendant ce temps, faire tremper des brochettes en
bois de 10 à 15 cm (4 à 6 po) dans l'eau pendant 30 minutes, pour les
empêcher de brûler.

2 Vaporiser une lèchefrite avec un enduit antiadhésif. Sur chaque brochette,
enfiler un morceau de bœuf, une crevette et un autre morceau de bœuf, en
réservant la marinade. Mettre les kebabs sur une grille dans une lèchefrite.

3 Griller les kebabs sous le gril du four, à une distance de 10 à 15 cm (4 à
6 po) de l'élément, pendant 5 à 6 minutes, en les retournant une fois, et en
les badigeonnant de marinade une ou deux fois, jusqu'à ce que les
crevettes soient roses et fermes. Jeter le reste de la marinade.

Glucides **2 g**
Glucides nets **2 g**

préparation :
**15 minutes**

du début à la fin :
**50 minutes**

# info-
## glucides

Faites des sand-
wiches roulés pré et
marée à la laitue en
enlevant le bœuf et
les crevettes cuits
des brochettes, et en
les servant dans des
feuilles de laitue. Les
feuilles de laitue
représentent un
excellent substitut
sans glucides pour
les tortillas dans les
sandwiches roulés.

**1 kebab :** 45 cal (10 cal provenant des lipides); lipides 1 g (saturés 0 g); chol. 25 mg; sodium 480 mg;
glucides nets 2 g; quantité tot. de gluc. 2 g (fibres 0 g); prot. 8 g | **% de l'apport quotidien :** vit. A 0%;
vit. C 0%; calc. 0%; fer 6% | **échanges :** 1 viande maigre | **CHOIX DE GLUCIDES :** 0

# Crostini au filet de porc épicé

Glucides **11 g**
Glucides nets **11 g**

préparation :
**30 minutes**

du début à la fin :
**1 heure
10 minutes**

2 ml (1/2 c. à thé) de sel aux épices

2 ml (1/2 c. à thé) de poivre à l'ail

2 ml (1/2 c. à thé) de marjolaine séchée

1 ml (1/4 c. à thé) de sauge moulue

455 g (1 lb) de filet de porc

36 rondelles de baguette, de 0,5 à 1,5 cm (1/4 à 1/2 po) d'épaisseur, provenant d'une baguette de 283 g (10 oz)

50 ml (1/4 tasse) de moutarde de Dijon

175 ml (3/4 tasse) de chutney aux pommes et aux canneberges, provenant d'un pot de 239 ml (8,5 oz)

75 ml (1/3 tasse) de bleu émietté*

Feuilles de marjolaine fraîche

1 Préchauffer le four à 220 °C (425 °F). Dans un petit bol, mélanger le sel aux épices, le poivre à l'ail, la marjolaine et la sauge ; frotter le mélange sur le porc. Mettre ce dernier dans une rôtissoire peu profonde. Insérer la pointe d'un thermomètre dans la partie la plus épaisse de la viande. Cuire à découvert au four pendant 20 à 25 minutes, ou jusqu'à ce que le thermomètre indique 68 °C (155 °F). Recouvrir le porc de papier d'aluminium et laisser reposer pendant 10 à 15 minutes, jusqu'à ce que le thermomètre indique 71 °C (160 °F).

2 Pendant ce temps, réduire la température du four à 190 °C (375 °F). Mettre les tranches de pain dans un plat de cuisson de 38 x 25,5 x 2,5 cm (15 x 10 x 1 po) non graissé. Cuire au four pendant environ 5 minutes ou jusqu'à ce que le pain soit croustillant. Laisser tiédir le pain.

3 Couper le porc en tranches très fines. Étaler environ 1 ml (1/4 c. à thé) de moutarde sur chaque tranche de pain. Garnir chacune d'une fine tranche de porc, de 5 ml (1 c. à thé) de chutney, d'environ 2 ml (1/2 c. à thé) de fromage, et de feuilles de marjolaine.

* On peut remplacer le bleu par du fromage de chèvre émietté.

**1 crostino :** 70 cal (15 cal provenant des lipides); lipides 1,5 g (saturés 0,5 g); chol. 10 mg; sodium 190 mg; glucides nets 11 g; quantité tot. de gluc. 11 g (fibres 0 g); prot. 5 g | **% de l'apport quotidien :** vit. A 0%; vit. C 0%; calc. 2%; fer 4% | **échanges :** 1/2 féculent, 1/2 viande maigre | **CHOIX DE GLUCIDES :** 1

# Cocktail de crevettes épicées à la thaï

**680 g (1 1/2 lb) de crevettes moyennes déveinées et décortiquées (environ 50)**

**2 oignons verts de grosseur moyenne, hachés, soit 30 ml (2 c. à soupe)**

**2 gousses d'ail, finement hachées**

**10 ml (2 c. à thé) de zeste de lime**

**50 ml (1/4 tasse) de jus de lime**

**15 ml (1 c. à soupe) de sauce soja**

**1 ml (1/4 c. à thé) de poivre**

**0,5 ml (1/8 c. à thé) de piment rouge broyé**

**10 ml (2 c. à thé) d'huile de sésame**

1 Dans un grand bol de verre ou de plastique, mélanger tous les ingrédients sauf l'huile. Couvrir et réfrigérer au moins 4 heures, mais pas plus de 24 heures.

2 Préchauffer le four à 200 °C (400 °F). Vaporiser un plat de cuisson de 33 x 23 cm (13 x 9 po) avec un enduit antiadhésif. Disposer les crevettes en une seule couche dans le plat. Cuire à découvert au four pendant 10 à 12 minutes ou jusqu'à ce que les crevettes soient roses et fermes. Arroser d'huile. Servir chaud.

Glucides **0 g**
Glucides nets **0 g**

préparation :
**20 minutes**

du début à la fin :
**4 heures
35 minutes**

# info-
## glucides

Les crevettes sont une source maigre de protéines, contenant seulement 100 calories, 2 g de lipides et 0 g de glucides par portion de 85 g (3 oz). Pour profiter au maximum des bienfaits nutritionnels des crevettes, faites-les cuire avec une méthode utilisant peu de matières grasses. Vous pouvez ainsi les cuire sous le gril du four, sur le gril, au four, au micro-ondes, dans l'eau bouillante ou à la vapeur.

**1 portion :** 80 cal (15 cal provenant des lipides) ; lipides 1,5 g (saturés 0 g) ; chol. 135 mg ; sodium 250 mg ; glucides nets 0 g ; quantité tot. de gluc. 0 g (fibres 0 g) ; prot. 14 g | **% de l'apport quotidien :** vit. A 4 % ; vit. C 4 % ; calc. 4 % ; fer 10 % | **échanges :** 2 viandes très maigres | **CHOIX DE GLUCIDES :** 0

Glucides **2 g**
Glucides nets **2 g**

préparation :
**15 minutes**

du début à la fin :
**15 minutes**

# Nachos aux crevettes

**24 grosses croustilles de tortillas**

**125 ml (1/2 tasse) de trempette aux haricots noirs, provenant d'une boîte de 255 ml (9 oz)**

**50 ml (1/4 tasse) de salsa avec gros morceaux**

**24 crevettes de grosseur moyenne, cuites, décortiquées et déveinées, soit environ 340 g (3/4 lb)**

**1 avocat, dénoyauté, pelé et coupé en 24 tranches**

**125 ml (1/2 tasse) de colby-monterey jack râpé, soit 55 g (2 oz)**

**24 feuilles de coriandre fraîche, si désiré**

1 Garnir chaque croustille de tortilla avec environ 5 ml (1 c. à thé) de trempette aux haricots, 2 ml (1/2 c. à thé) de salsa, 1 crevette, 1 tranche d'avocat et environ 5 ml (1 c. à thé) de fromage. Mettre les croustilles de tortillas sur une plaque à biscuits.

2 Préchauffer le gril du four. Faire griller à environ 12,5 cm (5 po) de l'élément pendant 2 à 3 minutes ou jusqu'à ce que le fromage soit fondu. Garnir de feuilles de coriandre fraîche. Servir immédiatement.

**1 portion :** 50 cal (25 cal provenant des lipides) ; lipides 3 g (saturés 1 g) ; chol. 30 mg ; sodium 95 mg ; glucides nets 2 g ; quantité tot. de gluc. 2 g (fibres 0 g) ; prot. 4 g | **% de l'apport quotidien :** vit. A 2% ; vit. C 0% ; calc. 2% ; fer 4% | **échanges :** 1/2 viande très grasse | **CHOIX DE GLUCIDES :** 0

# Champignons farcis au gorgonzola et aux noisettes

455 g (1 lb) de champignons entiers frais

75 ml (1/3 tasse) de gorgonzola émietté

50 ml (1/4 tasse) de chapelure italienne

50 ml (1/4 tasse) de noisettes (avelines) hachées*

50 ml (1/4 tasse) de poivron rouge haché menu

4 oignons verts de grosseur moyenne, hachés, soit 50 ml (1/4 tasse)

2 ml (1/2 c. à thé) de sel

1 Préchauffer le four à 180 °C (350 °F). Séparer les tiges et les chapeaux des champignons ; réserver les chapeaux. Hacher finement les tiges pour obtenir 125 ml (1/2 tasse). Jeter le reste des tiges.

2 Dans un petit bol, mélanger les tiges de champignon hachées et le reste des ingrédients jusqu'à consistance homogène. Verser à la cuillère le mélange dans les chapeaux de champignon, en débordant un peu. Mettre dans un plat de cuisson non graissé de 38 x 25,5 x 2,5 cm (15 x 10 x 1 po).

3 Cuire au four pendant 15 à 20 minutes ou jusqu'à ce que les champignons soient bien chauds ; servir.

* On peut remplacer les noisettes par des pistaches ou des noix de Grenoble.

Glucides **0 g**
Glucides nets **0 g**

préparation :
**30 minutes**

du début à la fin :
**50 minutes**

1 champignon : 15 cal (10 cal provenant des lipides) ; lipides 1 g (saturés 0 g) ; chol. 0 mg ; sodium 60 mg ; glucides nets 0 g ; quantité tot. de gluc. 0 g (fibres 0 g) ; prot. 0 g | **% de l'apport quotidien :** vit. A 0% ; vit. C 0% ; calc. 0% ; fer 0% | **échanges :** 1/2 gras | **CHOIX DE GLUCIDES :** 0

Glucides **1 g**
Glucides nets **1 g**

préparation :
**25 minutes**

du début à la fin :
**25 minutes**

20 portions (6 olives chaque)

# Olives sautées

**15 ml (1 c. à soupe) d'huile d'olive ou végétale**

**30 ml (2 c. à soupe) de persil frais haché**

**1 oignon vert de grosseur moyenne, haché, soit 15 ml (1 c. à soupe)**

**5 ml (1 c. à thé) de piment rouge broyé**

**2 gousses d'ail finement hachées**

**250 ml (1 tasse) d'olives Kalamata, égouttées et dénoyautées**

**250 ml (1 tasse) d'olives vertes grecques, égouttées et dénoyautées**

**250 ml (1 tasse) d'olives de Gaète, égouttées et dénoyautées**

1 Dans une poêle antiadhésive de 25,5 cm (10 po), chauffer l'huile à feu moyen. Cuire le persil, l'oignon, le piment rouge et l'ail dans l'huile pendant environ 4 minutes, en remuant souvent, jusqu'à ce que l'ail commence à dorer.

2 Incorporer les olives. Couvrir et cuire pendant environ 5 minutes, en remuant de temps en temps, jusqu'à ce que les olives soient tendres et que leur peau commence à flétrir.

**1 portion :** 35 cal (30 cal provenant des lipides) ; lipides 3,5 g (saturés 0 g) ; chol. 0 mg ; sodium 240 mg ; glucides nets 1 g ; quantité tot. de gluc. 1 g (fibres 0 g) ; prot. 0 g | **% de l'apport quotidien :** vit. A 4% ; vit. C 0% ; calc. 0% ; fer 4% | **échanges :** 1/2 gras | **CHOIX DE GLUCIDES :** 0

**Olives sautées**

Glucides **2 g**
Glucides nets **2 g**

préparation :
**15 minutes**

du début à la fin :
**15 minutes**

6 portions

# Poivrons en nachos

**1/2 poivron vert, épépiné et coupé en 6 lanières**

**1/2 poivron rouge, épépiné et coupé en 6 lanières**

**1/2 poivron jaune, épépiné et coupé en 6 lanières**

**175 ml (3/4 tasse) de monterey jack à teneur réduite en matières grasses, râpé**

**30 ml (2 c. à soupe) d'olives mûres hachées**

**1 ml (1/4 c. à thé) de piment rouge broyé**

1 Couper les lanières de poivrons en diagonale, en deux. Dans une assiette à tarte non graissée à l'épreuve du gril ou dans un plat allant au four, disposer les morceaux de poivrons près les uns des autres. Parsemer de fromage, d'olives et de piment rouge.

2 Préchauffer le gril du four. Griller les poivrons à une distance de 7,5 à 10 cm (3 à 4 po) de l'élément pendant environ 3 minutes ou jusqu'à ce que le fromage soit fondu.

**1 portion :** 50 cal (30 cal provenant des lipides); lipides 3,5 g (saturés 2 g); chol. 10 mg; sodium 150 mg; glucides nets 2 g; quantité tot. de gluc. 2 g (fibres 0 g); prot. 4 g | **% de l'apport quotidien :** vit. A 15%; vit. C 40%; calc. 10%; fer 0% | **échanges :** 1/2 viande maigre, 1/2 gras | **CHOIX DE GLUCIDES :** 0

# Gougères au parmesan avec sauce marinara

125 ml (1/2 tasse) de lait écrémé

50 ml (1/4 tasse) de beurre ou de margarine

125 ml (1/2 tasse) de farine tout usage

2 gros œufs

175 ml (3/4 tasse) de parmesan râpé

250 ml (1 tasse) de sauce marinara, réchauffée

1 Préchauffer le four à 190 °C (375 °F). Vaporiser un enduit antiadhésif sur une plaque à biscuits. Dans une casserole de 1,5 l (6 tasses), porter le lait et le beurre à ébullition. Incorporer la farine ; réduire à feu doux. Remuer vigoureusement pendant environ 1 minute ou jusqu'à ce que le mélange forme une boule. Retirer du feu.

2 Incorporer les œufs, un à la fois, en battant jusqu'à consistance lisse à chaque fois. Incorporer le fromage. Verser la pâte par cuillérées à thé combles, à 5 cm (2 po) de distance les unes des autres, sur la plaque à biscuits. Cuire au four pendant environ 15 minutes ou jusqu'à ce que les gougères aient gonflé et soient dorées. Servir chaud avec la sauce marinara en guise de trempette.

Glucides **3 g**
Glucides nets **3 g**

préparation : **20 minutes**

du début à la fin : **35 minutes**

# info-glucides

Les sauces marinara ne sont pas toutes pareilles ! Certaines contiennent davantage de sucre que d'autres. Prenez le temps de lire les étiquettes pour connaître la quantité de glucides.

**1 portion :** 50 cal (25 cal provenant des lipides) ; lipides 3 g (saturés 1,5 g) ; chol. 20 mg ; sodium 105 mg ; glucides nets 3 g ; quantité tot. de gluc. 3 g (fibres 0 g) ; prot. 2 g | **% de l'apport quotidien :** vit. A 4% ; vit. C 0% ; calc. 4% ; fer 0% | **échanges :** 1/2 viande maigre, 1/2 gras | **CHOIX DE GLUCIDES :** 0

# Amuse-gueule étagé aux légumes et à l'aïoli

Glucides **4 g**
Glucides nets **4 g**

préparation :
**15 minutes**

du début à la fin :
**35 minutes**

115 g (4 oz) de fromage à la crème sans gras, ramolli

125 ml (1/2 tasse) de mayonnaise sans gras

5 ml (1 c. à thé) d'ail finement haché

2 ml (1/2 c. à thé) de zeste de citron

1 pincée de poivre de Cayenne moulu

2 poivrons de grosseur moyenne (vert, rouge ou jaune), coupés en morceaux de 3,5 cm (1 1/2 po)

1 petit oignon rouge, coupé en morceaux de 2,5 cm (1 po)

250 ml (1 tasse) de champignons frais, tranchés

Enduit antiadhésif à l'huile d'olive

30 ml (2 c. à soupe) de fromage de chèvre émietté

30 ml (2 c. à soupe) de basilic frais haché

Craquelins de blé entier, si désiré

1 Préchauffer le four à 230 °C (450 °F). Dans un bol moyen, mélanger le fromage à la crème, la mayonnaise, l'ail, le zeste de citron et le poivre de Cayenne jusqu'à consistance lisse. Couvrir et réfrigérer pendant la préparation des légumes.

2 Dans un bol moyen, mélanger les poivrons, l'oignon et les champignons. Vaporiser d'un enduit antiadhésif 2 ou 3 fois ; remuer pour bien enrober. Verser dans un plat de cuisson non graissé de 38 x 25,5 x 2,5 cm (15 x 10 x 1 po). Cuire à découvert au four pendant 15 à 20 minutes ou jusqu'à ce que les légumes soient tendres ; laisser tiédir un peu. Hacher grossièrement les légumes.

3 Dans un plat de service, étendre le mélange de fromage à la crème, puis y disposer pêle-mêle les légumes. Parsemer de fromage de chèvre et de basilic. Servir avec les craquelins.

**1 portion :** 30 cal (10 cal provenant des lipides) ; lipides 1 g (saturés 0,5 g) ; chol. 0 mg ; sodium 140 mg ; glucides nets 4 g ; quantité tot. de gluc. 4 g (fibres 0 g) ; prot. 2 g | **% de l'apport quotidien :** vit. A 15% ; vit. C 25% ; calc. 2% ; fer 0% | **échanges :** 1 légume | **CHOIX DE GLUCIDES :** 0

Amuse-gueule étagé aux légumes et à l'aïoli

Glucides **10 g**
Glucides nets **9 g**

préparation :
**30 minutes**

du début à la fin :
**30 minutes**

## info-
## glucides

Comparez la valeur nutritive des diffé-rentes marques de tortillas pour connaître leur valeur en glucides, ou recherchez les produits qui se des-tinent spécifique-ment aux régimes à faible teneur en glucides.

16 portions

# Quesadillas aux épinards et au féta

**4 tortillas à la farine sans gras de 20,5 cm (8 po)**

**50 ml (1/4 tasse) de tartinade au fromage à la crème et aux légumes du jardin à teneur réduite en matières grasses**

**500 ml (2 tasses) d'épinards hachés congelés, dégelés et pressés pour les égoutter**

**15 ml (1 c. à soupe) d'oignon rouge finement haché**

**50 ml (1/4 tasse) de féta émietté**

**30 ml (2 c. à soupe) de crème sure sans gras**

**Tomates cerises coupées en deux, si désiré**

**Olives mûres tranchées, si désiré**

1 Tartiner 2 tortillas de fromage à la crème. Sur chaque tortilla, faites des étages d'épinards, d'oignon et de féta. Recouvrir avec les 2 tortillas restantes. Presser légèrement.

2 Vaporiser un enduit antiadhésif dans une poêle de 30,5 cm (12 po). À feu moyen, cuire chaque quesadilla dans la poêle pendant 2 à 3 minutes de chaque côté ou jusqu'à coloration dorée.

3 Couper chaque quesadilla en 8 pointes. Garnir avec de la crème sure, des moitiés de tomates et des olives. Faire tenir avec des cure-dents. Servir chaud.

**1 portion :** 60 cal (10 cal provenant des lipides) ; lipides 1 g (saturés 0,5 g) ; chol. 0 mg ; sodium 170 mg ; glucides nets 9 g ; quantité tot. de gluc. 10 g (fibres 1 g) ; prot. 2 g | **% de l'apport quotidien :** vit. A 25 % ; vit. C 0 % ; calc. 6 % ; fer 4 % | **échanges :** 1/2 féculent, 1/2 gras | **CHOIX DE GLUCIDES :** 1/2

# Bruschetta aux tomates séchées et au bacon

Glucides **9 g**
Glucides nets **9 g**

préparation :
**35 minutes**

du début à la fin :
**50 minutes**

**24 tranches de baguette de 1,5 cm (1/2 po) d'épaisseur, provenant d'une baguette de 283 g (10 oz)**

**125 ml (1/2 tasse) de tomates séchées conditionnées dans l'huile, coupées en julienne**

**125 ml (1/2 tasse) de bacon cuit, haché**

**175 ml (3/4 tasse) de fromage fontina finement râpé, soit 55 g (2 oz)**

**50 ml (1/4 tasse) de persil frais, finement haché**

1 Préchauffer le four à 200 °C (400 °F). Placer les tranches de pain dans un plat de cuisson de 38 x 25,5 x 2,5 cm (15 x 10 x 1 po) non graissé.

2 Mettre les tomates dans un tamis au-dessus d'un petit bol. Presser les tomates pour en extraire l'huile; il en faut 30 à 45 ml (2 à 3 c. à soupe). Badigeonner le pain avec l'huile. Cuire au four pendant 5 à 7 minutes ou jusqu'à ce que le pain soit croustillant.

3 Garnir le pain avec les tomates, le bacon et le fromage. Cuire au four pendant environ 5 minutes ou jusqu'à ce que le fromage soit fondu. Saupoudrer de persil. Servir chaud.

**1 portion :** 70 cal (20 cal provenant des lipides); lipides 2,5 g (saturés 1 g); chol. 0 mg; sodium 150 mg; glucides nets 9 g; quantité tot. de gluc. 9 g (fibres 0 g); prot. 3 g | **% de l'apport quotidien :** vit. A 2%; vit. C 2%; calc. 2%; fer 4% | **échanges :** 1/2 féculent, 1/2 gras | **CHOIX DE GLUCIDES :** 1/2

Glucides **5 g**
Glucides nets **5 g**

préparation :
**10 minutes**

du début à la fin :
**20 minutes**

12 portions

# Bruschetta aux poivrons rouges

**4 tranches de pain italien ou de campagne à croûte ferme, de 1,5 cm (1/2 po) d'épaisseur**

**1 pot de 200 ml (7 oz) de poivrons rouges rôtis, égouttés et coupés en lanières de 1 cm (1/2 po)**

**1 ou 2 gousses d'ail de grosseur moyenne, finement hachées**

**30 ml (2 c. à soupe) de persil frais haché, ou 15 ml (1 c. à soupe) de flocons de persil**

**30 ml (2 c. à soupe) de parmesan râpé**

**15 ml (1 c. à soupe) d'huile d'olive ou végétale**

**1 ml (1/4 c. à thé) de sel**

**1 ml (1/4 c. à thé) de poivre**

**15 ml (1 c. à soupe) de câpres, égouttées, si désiré**

1 Préchauffer le four 230 °C (450 °F). Mettre le pain sur une plaque à biscuits non graissée. Dans un petit bol, mélanger le reste des ingrédients, à l'exception des câpres. Étendre le mélange sur le pain.

2 Cuire au four pendant 6 à 8 minutes ou jusqu'à ce que les bords du pain soient dorés. Couper chaque tranche en trois dans le sens de la longueur. Parsemer de câpres.

**1 portion :** 40 cal (15 cal provenant des lipides) ; lipides 1,5 g (saturés 0 g) ; chol. 0 mg ; sodium 110 mg ; glucides nets 5 g ; quantité tot. de gluc. 5 g (fibres 0 g) ; prot. 1 g | **% de l'apport quotidien :** vit. A 20% ; vit. C 25% ; calc. 2% ; fer 0% | **échanges :** 1/2 féculent | **CHOIX DE GLUCIDES :** 0

**Bruschetta aux poivrons rouges**

Glucides **3 g**
Glucides nets **3 g**

préparation :
**10 minutes**

du début à la fin :
**15 minutes**

24 portions

# Triangles au bleu et aux poires

12 tranches de pumpernickel à hors-d'œuvre, coupé en deux en diagonale

45 ml (3 c. à soupe) de mayonnaise ou de sauce à salade

1 poire rouge ou verte de grosseur moyenne, non pelée, coupée en tranches fines, puis ces tranches coupées en deux

30 ml (2 c. à soupe) de poivrons rouges rôtis, provenant d'un pot de 200 ml (7 oz), égouttés et hachés

75 ml (1/3 tasse) de bleu émietté

75 ml (1/3 tasse) de noix de Grenoble

Feuilles de marjolaine fraîche ou ciboulette fraîche hachée

1 Préchauffer le four à 200 °C (400 °F). Mettre le pain sur une plaque à biscuits non graissée. Cuire au four pendant 4 à 5 minutes ou jusqu'à ce que le pain soit légèrement grillé.

2 Étaler la mayonnaise sur le pain. Garnir de tranches de poire, de morceaux de poivron rouge rôti, de fromage, de noix et de marjolaine. Servir immédiatement.

**1 portion :** 45 cal (30 cal provenant des lipides) ; lipides 3 g (saturés 0,5 g) ; chol. 0 mg ; sodium 60 mg ; glucides nets 3 g ; quantité tot. de gluc. 3 g (fibres 0 g) ; prot. 1 g | **% de l'apport quotidien :** vit. A 0% ; vit. C 4% ; calc. 0% ; fer 0% | **échanges :** 1 gras | **CHOIX DE GLUCIDES :** 0

16 portions de 30 ml (2 c. à soupe)

# Trempette à l'artichaut et à l'asiago

Glucides **5 g**
Glucides nets **4 g**

préparation :
**15 minutes**

du début à la fin :
**30 minutes**

**1 paquet de 225 g (8 oz) de fromage à la crème sans gras**

**125 ml (1/2 tasse) de crème sure sans gras**

**30 ml (2 c. à soupe) de crème simple écrémée ou de lait concentré écrémé**

**1 ml (1/4 c. à thé) de sel**

**175 ml (3/4 tasse) de fromage asiago râpé, soit 85 g (3 oz)**

**1 boîte de 398 ml (14 oz) de cœurs d'artichaut, égouttés et hachés**

**4 oignons verts de grosseur moyenne, hachés, soit 50 ml (1/4 tasse)**

**30 ml (2 c. à soupe) de persil frais haché**

**Gressins croustillants ou craquelins de blé entier, si désiré**

1 Préchauffer le four à 180 °C (350 °F). Dans un bol moyen, battre le fromage à la vitesse moyenne du mixeur électrique jusqu'à consistance lisse. Incorporer la crème sure, la crème simple et le sel. Incorporer l'asiago, les cœurs d'artichaut et les oignons verts. Verser dans une casserole de 1 l (4 tasses) ou un petit plat de service allant au four.

2 Cuire au four pendant 10 à 15 minutes ou jusqu'à ce que la trempette soit chaude et que le fromage soit fondu. Retirer du four, puis remuer. Parsemer de persil. Servir avec les gressins.

**Directives pour le micro-ondes :** Utiliser une casserole ou un plat allant au micro-ondes. Cuire à découvert à puissance maximale pendant 1 à 2 minutes, en remuant toutes les 30 secondes.

## info- glucides

Si vous essayez d'éviter les produits comme les craquelins, vous pouvez utiliser des haricots verts vapeur et des morceaux de poivrons frais rouges, orange et jaunes, pour plonger dans la trempette.

**1 portion :** 60 cal (20 cal provenant des lipides); lipides 2,5 g (saturés 1,5 g); chol. 10 mg; sodium 250 mg; glucides nets 4 g; quantité tot. de gluc. 5 g (fibres 1 g); prot. 5 g | **% de l'apport quotidien :** vit. A 8%; vit. C 6%; calc. 10%; fer 2% | **échanges :** 1/2 lait écrémé, 1/2 gras | **CHOIX DE GLUCIDES :** 0

Glucides **4 g**
Glucides nets **4 g**

préparation :
**20 minutes**

du début à la fin :
**35 minutes**

# Trempette aux haricots noirs et aux chipotles

**2 gros piments chipotles séchés**

**250 ml (1 tasse) de salsa avec gros morceaux**

**125 ml (1/2 tasse) de trempette aux haricots noirs, provenant d'une boîte de 255 ml (9 oz)**

**30 ml (2 c. à soupe) de coriandre fraîche hachée**

**250 ml (1 tasse) de colby-monterey jack ou de cheddar à teneur réduite en matières grasses, râpé**

**2 oignons verts de grosseur moyenne hachés, soit 30 ml (2 c. à soupe)**

**Piments cerises doux, coupés en deux, si désiré**

**Croustilles de tortillas à teneur réduite en matières grasses, si désiré**

1 Préchauffer le four 180 °C (350 °F). Recouvrir les chipotles d'eau bouillante, puis laisser tremper pendant 10 minutes. Égoutter, épépiner puis hacher les chipotles.

2 Dans un bol moyen, mélanger les chipotles, la salsa et la trempette aux haricots. Incorporer la coriandre. Verser dans un plat de service de 1 l (4 tasses) peu profond allant au four. Parsemer de fromage et d'oignons verts.

3 Cuire au four pendant environ 15 minutes ou jusqu'à ce que le mélange soit chaud et que le fromage soit fondu. Garnir avec les moitiés de piments doux. Servir avec des croustilles de tortillas.

**1 portion :** 50 cal (25 cal provenant des lipides); lipides 2,5 g (saturés 1,5 g); chol. 5 mg; sodium 200 mg; glucides nets 4 g; quantité tot. de gluc. 4 g (fibres 0 g); prot. 3 g | **% de l'apport quotidien :** vit. A 15%; vit. C 2%; calc. 6%; fer 2% | **échanges :** 1/2 viande très grasse | **CHOIX DE GLUCIDES :** 0

# 2 Recettes favorites pour le petit déjeuner

= **super express** prêt en 30 minutes ou moins

**super express**

Glucides **19 g**
Glucides nets **16 g**

préparation :
**25 minutes**

du début à la fin :
**25 minutes**

4 portions

# Œufs sur muffins anglais pour le brunch

**Sauce au fromage et aux fines herbes**

5 ml (1 c. à thé) de beurre ou de margarine

10 ml (2 c. à thé) de farine tout usage

125 ml (1/2 tasse) de lait écrémé

50 ml (1/4 tasse) de cheddar à teneur réduite en matières grasses, râpé

10 ml (2 c. à thé) de parmesan râpé préparé, à teneur réduite en matières grasses

2 ml (1/2 c. à thé) de basilic frais haché ou 1 ml (1/4 c. à thé) de basilic séché

1 pincée de poivre de Cayenne moulu

**Œufs**

2 muffins anglais au blé entier, séparés

4 tranches fines de bacon de dos cuit, soit 55 g (2 oz)

500 ml (2 tasses) de substitut d'œuf sans gras et sans cholestérol

Poivre du moulin

1 Dans une casserole antiadhésive de 1 l (4 tasses), faire fondre le beurre à feu doux. Incorporer la farine, puis retirer du feu. Incorporer graduellement le lait. Porter à ébullition, en remuant constamment. Laisser bouillir en remuant pendant 1 minute; retirer du feu. Incorporer les fromages, le basilic et le poivre de Cayenne. Réserver au chaud.

2 Faire griller les muffins anglais. Dans une poêle antiadhésive de 25,5 cm (10 po), cuire le bacon à feu moyen jusqu'à ce qu'il soit doré des deux côtés. Retirer de la poêle et réserver au chaud.

3 Faire chauffer la même poêle à feu moyen. Verser le substitut d'œuf dans la poêle. Lorsque le mélange commencera à prendre au fond et sur les bords, soulever délicatement les parties cuites, de façon à ce que les parties non cuites puissent descendre au fond. Éviter de remuer sans arrêt. Cuire pendant 3 à 5 minutes ou jusqu'à consistance épaisse mais encore humide.

4 Placer une tranche de bacon sur chaque demi-muffin. Garnir avec les œufs. Verser environ 30 ml (2 c. à soupe) de sauce sur les œufs. Saupoudrer de poivre.

**1 portion :** 180 cal (30 cal provenant des lipides); lipides 3,5 g (saturés 1,5 g); chol. 10 mg; sodium 730 mg; glucides nets 16 g; quantité tot. de gluc. 19 g (fibres 3 g); prot. 22 g | **% de l'apport quotidien :** vit. A 15%; vit. C 0%; calc. 20%; fer 20% | **échanges :** 1 féculent, 3 viandes très maigres | **CHOIX DE GLUCIDES :** 1

Œufs sur muffins anglais pour le brunch

# Œufs brouillés aux pommes de terre et au basilic

**Glucides 18 g**
**Glucides nets 15 g**

préparation :
**45 minutes**

du début à la fin :
**45 minutes**

## info-glucides

Remplacez les pommes de terre par du chou-fleur coupé en bouchées pour réduire les glucides.

2 pommes de terre blanches de grosseur moyenne, pelées et coupées en cubes

1 oignon de grosseur moyenne, finement haché, soit 125 ml (1/2 tasse)

1 petit poivron rouge haché, soit 125 ml (1/2 tasse)

500 ml (2 tasses) de substitut d'œuf sans gras et sans cholestérol ou 8 gros œufs, battus

30 ml (2 c. à soupe) de basilic frais, haché, ou 10 ml (2 c. à thé) de basilic séché

2 ml (1/2 c. à thé) de sel

0,5 ml (1/8 c. à thé) de poivre de Cayenne moulu

1 Mettre les pommes de terre dans une casserole de 2 l (8 tasses). Ajouter suffisamment d'eau pour recouvrir les pommes de terre. Porter à ébullition, réduire à feu doux. Couvrir et laisser mijoter pendant 10 à 15 minutes ou jusqu'à ce que les pommes de terre soient tendres. Égoutter.

2 Vaporiser un enduit antiadhésif dans une poêle de 25,5 cm (10 po). Cuire les cubes de pomme de terre égouttés, l'oignon et le poivron dans la poêle à feu moyen pendant environ 5 minutes, en remuant souvent, jusqu'à ce que le contenu soit très chaud.

3 Dans un petit bol, mélanger le reste des ingrédients. Verser le mélange dans la poêle. Lorsque le mélange commencera à prendre au fond et sur les bords, soulever délicatement les parties cuites, de façon à ce que les parties non cuites puissent descendre au fond. Éviter de remuer sans arrêt. Cuire pendant 3 à 5 minutes ou jusqu'à consistance épaisse mais encore humide.

**1 portion :** 120 cal (0 cal provenant des lipides) ; lipides 0 g (saturés 0 g) ; chol. 0 mg ; sodium 530 mg ; glucides nets 15 g ; quantité tot. de gluc. 18 g (fibres 3 g) ; prot. 14 g | **% de l'apport quotidien :** vit. A 35 % ; vit. C 35 % ; calc. 6 % ; fer 15 % | **échanges :** 1 féculent, 1 1/2 viande très maigre | **CHOIX DE GLUCIDES :** 1

4 portions

# Œufs pochés aux légumes

500 ml (2 tasses) de brocoli haché

500 ml (2 tasses) d'épinards frais, hachés, soit 85 g (3 oz)

250 ml (1 tasse) de champignons hachés, soit 85 g (3 oz)

1 gros oignon haché, soit 250 ml (1 tasse)

1 carotte de grosseur moyenne, coupée en julienne, soit 125 ml (1/2 tasse)

1 petite courgette, coupée en julienne, soit 125 ml (1/2 tasse)

175 ml (3/4 tasse) de sauce marinara ou de sauce à spaghetti

1 ml (1/4 c. à thé) de poivre

4 gros œufs

50 ml (1/4 tasse) de mozzarella râpée, soit 30 g (1 oz)

1 Vaporiser un enduit antiadhésif dans une poêle de 30,5 cm (12 po); chauffer à feu moyen. Cuire le brocoli, les épinards, les champignons, l'oignon, la carotte et la courgette dans la poêle pendant 8 à 10 minutes, en remuant de temps en temps, jusqu'à ce que les légumes soient tendres, mais encore un peu croquants.

2 Incorporer la sauce marinara et le poivre. Cuire, en remuant constamment, jusqu'à ce que le contenu soit très chaud.

3 Avec le dos d'une grosse cuillère, creuser quatre nids de 7,5 cm (3 po) dans le mélange de légumes. Casser 1 œuf dans chaque nid. Couvrir et cuire pendant environ 5 minutes ou jusqu'à ce que les blancs et les jaunes d'œufs soient fermes, non coulants. Parsemer avec le fromage. Servir immédiatement.

Glucides **19 g**
Glucides nets **15 g**

préparation :
**15 minutes**

du début à la fin :
**35 minutes**

# info-
## glucides
Vous désirez retrancher des glucides ? Éliminez environ 3 g de glucides par portion en remplaçant l'oignon par 250 ml (1 tasse) de chou-fleur haché.

**1 portion :** 190 cal (80 cal provenant des lipides); lipides 9 g (saturés 3 g); chol. 215 mg; sodium 370 mg; glucides nets 15 g; quantité tot. de gluc. 19 g (fibres 4 g); prot. 12 g | **% de l'apport quotidien :** vit. A 110%; vit. C 45%; calc. 15%; fer 10% | **échanges :** 1/2 féculent, 1/2 autre aliment, 1 légume, 1 viande mi-grasse, 1/2 gras | **CHOIX DE GLUCIDES :** 1

# Omelette asiatique

Glucides **15 g**
Glucides nets **13 g**

préparation :
**45 minutes**

du début à la fin :
**45 minutes**

**6 gros œufs**

**125 ml (1/2 tasse) de lait**

**2 ml (1/2 c. à thé) de poivre**

**5 ml (1 c. à thé) d'huile végétale**

**250 ml (1 tasse) de riz complet ou blanc, cuit**

**15 ml (1 c. à soupe) de carotte finement hachée**

**15 ml (1 c. à soupe) de poivron vert finement haché**

**15 ml (1 c. à soupe) de poivron rouge finement haché**

**15 ml (1 c. à soupe) d'oignon vert finement haché**

**15 ml (1 c. à soupe) de champignons finement hachés**

**1 gousse d'ail, finement hachée**

**15 ml (1 c. à soupe) de sauce soja**

## info-glucides

Le riz blanc et le riz brun (entier) contiennent environ, à mesures égales, la même quantité de glucides, mais le riz brun est plus riche en fibres. Une tasse (250 ml) de riz blanc cuit contient moins de 1 g de fibres contre environ 3,5 g dans 250 ml (1 tasse) de riz brun.

1   Dans un petit bol, battre légèrement les œufs, le lait et le poivre, à la fourchette ou au fouet; réserver. Chauffer l'huile à feu moyen dans une poêle ordinaire ou à omelettes de 20,5 cm (8 po). Cuire le reste des ingrédients dans l'huile, à l'exception de la sauce soja, en remuant souvent, jusqu'à ce que les légumes soient tendres mais encore croquants. Incorporer la sauce soja. Retirer le mélange de la poêle et réserver au chaud.

2   Vaporiser un enduit antiadhésif dans la même poêle, puis la chauffer à feu moyen-vif. Verser rapidement environ 125 ml (1/2 tasse) du mélange d'œufs dans la poêle. Glisser vivement d'avant à arrière la poêle sur le rond, en remuant en même temps rapidement avec une fourchette, pour étendre continuellement les œufs sur le fond pendant qu'ils épaississent. Laisser reposer sur le feu quelques instants pour dorer légèrement le fond de l'omelette. (Évitez de trop cuire, car l'omelette continuera à cuire après avoir été pliée.)

3   Verser environ 50 ml (1/4 tasse) du mélange de riz sur un côté de l'omelette. Glisser la spatule sous le côté non garni de l'omelette et replier sur le mélange de riz. En penchant légèrement la poêle, retourner l'omelette dans une assiette. Répéter avec le reste des mélanges d'œufs et de riz.

**1 portion :** 190 cal (90 cal provenant des lipides); lipides 10 g (saturés 3 g); chol. 320 mg; sodium 340 mg; glucides nets 13 g; quantité tot. de gluc. 15 g (fibres 2 g); prot. 12 g | **% de l'apport quotidien :** vit. A 20%; vit. C 6%; calc. 8%; fer 8% | **échanges :** 1 féculent, 1 viande mi-grasse, 1 gras | **CHOIX DE GLUCIDES :** 1

6 portions

# Frittata italienne savoureuse

Glucides **2 g**
Glucides nets **2 g**

préparation :
**10 minutes**

du début à la fin :
**30 minutes**

500 ml (2 tasses) de substitut d'œuf sans gras et sans cholestérol

15 ml (1 c. à soupe) de basilic frais, haché, ou 2 ml (1/2 c. à thé) de basilic séché

15 ml (1 c. à soupe) de menthe fraîche, hachée, ou 2 ml (1/2 c. à thé) de menthe séchée

15 ml (1 c. à soupe) de sauge fraîche, hachée, ou 2 ml (1/2 c. à thé) de sauge séchée

15 ml (1 c. à soupe) de parmesan frais, râpé

2 ml (1/2 c. à thé) de sel

0,5 ml (1/8 c. à thé) de poivre

50 ml (1/4 tasse) de dinde fumée, cuite, ou de prosciutto, en dés, soit 55 g (2 oz)

15 ml (1 c. à soupe) de beurre ou de margarine

1 petit oignon, finement haché, soit 50 ml (1/4 tasse)

1 Dans un bol moyen, battre tous les ingrédients, à l'exception de la dinde, du beurre et de l'oignon. Battre avec une fourchette ou un fouet jusqu'à consistance homogène. Incorporer la dinde fumée.

2 Dans une poêle antiadhésive de 25,5 cm (10 po), faire fondre le beurre à feu moyen-vif. Attendrir l'oignon dans le beurre pendant 4 à 5 minutes, en remuant souvent ; réduire à feu moyen-doux.

3 Verser le mélange d'œufs dans la poêle. Couvrir et cuire de 9 à 11 minutes ou jusqu'à ce que les œufs aient pris sur les bords et qu'ils soient dorés au fond. Couper en pointes.

**1 portion :** 80 cal (25 cal provenant des lipides) ; lipides 2,5 g (saturés 1,5 g) ; chol. 10 mg ; sodium 480 mg ; glucides nets 2 g ; quantité tot. de gluc. 2 g (fibres 0 g) ; prot. 11 g | **% de l'apport quotidien :** vit. A 10% ; vit. C 0% ; calc. 4% ; fer 10% | **échanges :** 1 1/2 viande très maigre, 1/2 gras | **CHOIX DE GLUCIDES :** 0

Glucides **6 g**
Glucides nets **4 g**

préparation :
**15 minutes**

du début à la fin :
**30 minutes**

6 portions

# Frittata printanière

30 ml (2 c. à soupe) de beurre ou de margarine

1 oignon de grosseur moyenne, haché, soit 125 ml (1/2 tasse)

1 gousse d'ail, finement hachée

1 poivron vert ou rouge de grosseur moyenne, haché, soit 250 ml (1 tasse)

2 petites courgettes, hachées, soit 500 ml (2 tasses)

1 petite tomate hachée, soit 125 ml (1/2 tasse)

1 ml (1/4 c. à thé) de sel

1 ml (1/4 c. à thé) de poivre

375 ml (1 1/2 tasse) de substitut d'œuf sans gras et sans cholestérol

50 ml (1/4 tasse) de parmesan râpé

1 Préchauffer le four à 190 °C (375 °F).

2 Dans une poêle de 25,5 cm (10 po) allant au four, faire fondre le beurre à feu moyen-vif. Cuire l'oignon et l'ail dans le beurre pendant 3 minutes, en remuant souvent. Incorporer le poivron ; réduire à feu moyen. Attendrir légèrement pendant environ 2 minutes, en remuant de temps à autre. Incorporer les courgettes, la tomate, le sel et le poivre. Cuire pendant 4 minutes, en remuant de temps à autre. Incorporer le substitut d'œuf.

3 Cuire de 10 à 12 minutes ou jusqu'à ce que les œufs aient pris au centre. Parsemer de fromage. Couper en pointes.

**1 portion :** 110 cal (45 cal provenant des lipides) ; lipides 5 g (saturés 3 g) ; chol. 15 mg ; sodium 320 mg ; glucides nets 4 g ; quantité tot. de gluc. 6 g (fibres 2 g) ; prot. 9 g | **% de l'apport quotidien :** vit. A 20 % ; vit. C 25 % ; calc. 10 % ; fer 8 % | **échanges :** 1 légume, 1 viande très maigre, 1 gras | **CHOIX DE GLUCIDES :** 1/2

Frittata printanière

Glucides **6 g**
Glucides nets **4 g**

préparation :
**20 minutes**

du début à la fin :
**30 minutes**

5 portions

# Frittata-pizza

**500 ml (2 tasses) de substitut d'œuf sans gras et sans cholestérol**

**50 ml (1/4 tasse) de parmesan frais, râpé**

**5 ml (1 c. à thé) d'assaisonnement à l'italienne**

**1 ml (1/4 c. à thé) de sel**

**1 ml (1/4 c. à thé) de poivre**

**15 ml (1 c. à soupe) de beurre ou de margarine**

**250 ml (1 tasse) de champignons frais, tranchés, soit 85 g (3 oz)**

**1 poivron de grosseur moyenne, haché, soit 250 ml (1 tasse)**

**1 petit oignon, haché, soit 50 ml (1/4 tasse)**

**50 ml (1/4 tasse) d'olives mûres, tranchées**

1 Dans un bol moyen, battre à la fourchette ou au fouet le substitut d'œuf, le fromage, l'assaisonnement à l'italienne, le sel et le poivre, jusqu'à consistance homogène ; réserver.

2 Dans un poêle antiadhésive de 30,5 cm (12 po) allant au four, faire fondre le beurre à feu moyen. Attendrir légèrement les champignons, le poivron, l'oignon et les olives dans le beurre pendant environ 2 minutes, en remuant de temps en temps. Étendre uniformément le mélange au fond de la poêle.

3 Verser le mélange d'œufs uniformément sur les légumes ; régler à feu moyen-doux. Couvrir et cuire pendant 9 à 11 minutes ou jusqu'à ce que les œufs aient pris au centre et soient légèrement dorés dessous. Retirer le couvercle.

4 Préchauffer le gril du four. Colorer la frittata en la plaçant environ 12,5 cm (5 po) sous l'élément pendant environ 2 minutes. Couper en pointes.

**1 portion :** 110 cal (40 cal provenant des lipides) ; lipides 4,5 g (saturés 2 g) ; chol. 10 mg ; sodium 470 mg ; glucides nets 4 g ; quantité tot. de gluc. 6 g (fibres 2 g) ; prot. 13 g | **% de l'apport quotidien :** vit. A 15% ; vit. C 25% ; calc. 10% ; fer 15% | **échanges :** 1/2 féculent, 1 1/2 viande très maigre, 1/2 gras | **CHOIX DE GLUCIDES :** 1/2

**Frittata-pizza**

Glucides **11 g**
Glucides nets **1 g**

préparation :
**10 minutes**

du début à la fin :
**55 minutes**

# info-glucides

Les fraises et les bleuets frais sont d'excellents choix de fruits pour accompagner ce délicieux petit déjeuner cuit au four.

*6 portions*

# Quiche au jambon et au fromage suisse incroyablement facile à préparer

250 ml (1 tasse) de jambon cuit en morceaux

250 ml (1 tasse) de fromage suisse râpé à teneur réduite en matières grasses, soit 115 g (4 oz)

50 ml (1/4 tasse) d'oignons verts (4 moyens) ou d'un autre type d'oignon, hachés

125 ml (1/2 tasse) de mélange Bisquick® original ou faible en gras

250 ml (1 tasse) de lait écrémé

1 ml (1/4 c. à thé) de sel, si désiré

0,5 ml (1/8 c. à thé) de poivre

2 gros œufs

1 tomate de grosseur moyenne, tranchée

1 poivron vert de grosseur moyenne, coupé en rondelles

1 Préchauffer le four à 200 °C (400 °F). Vaporiser un enduit antiadhésif dans une assiette à tarte de 23 cm (9 po) en verre, et y répandre le jambon, le fromage et les oignons.

2 Dans un bol moyen, battre à la fourchette le reste des ingrédients, sauf la tomate et le poivron vert, jusqu'à consistance homogène. Verser dans l'assiette à tarte.

3 Enfourner pour 35 à 40 minutes, ou jusqu'à ce la lame d'un couteau inséré au centre ressorte propre. Laisser reposer 5 minutes avant de couper. Garnir avec les tranches de tomate et de poivron.

**1 portion :** 160 cal (60 cal provenant des lipides) ; lipides 6 g (saturés 2,5 g) ; chol. 90 mg ; sodium 570 mg ; glucides nets 11 g ; quantité tot. de gluc. 11 g (fibres 0 g) ; prot. 15 g | **% de l'apport quotidien :** vit. A 10 % ; vit. C 20 % ; calc. 25 % ; fer 6 % | **échanges :** 1/2 féculent, 2 viandes très maigres, 1 gras | **CHOIX DE GLUCIDES :** 1

Quiche au jambon et au fromage suisse incroyablement facile à préparer

Glucides **19 g**
Glucides nets **17 g**

préparation :
**15 minutes**

du début à la fin :
**45 minutes**

# Casserole de jambon, d'asperges et de fromage, cuite au four

**375 ml (1 1/2 tasse) de jambon cuit, haché**

**1 oignon de grosseur moyenne, haché, soit 125 ml (1/2 tasse)**

**50 ml (1/4 tasse) de poivron vert haché**

**1 paquet de 255 g (9 oz) de morceaux d'asperges surgelés***

**500 ml (2 tasses) de substitut d'œuf sans gras et sans cholestérol**

**500 ml (2 tasses) de lait écrémé**

**250 ml (1 tasse) de farine tout usage**

**50 ml (1/4 tasse) de parmesan frais, râpé**

**4 ml (3/4 c. à thé) de sel**

**4 ml (3/4 c. à thé) de feuilles d'estragon séchées****

**2 ml (1/2 c. à thé) de poivre**

**250 ml (1 tasse) de cheddar râpé à teneur réduite en matières grasses**

1   Préchauffer le four à 220 °C (425 °F). Vaporiser un enduit antiadhésif dans un plat de cuisson de 33 x 23 cm (13 x 9 po). Répandre le jambon, l'oignon, le poivron et les asperges dans le plat de cuisson.

2   Dans un grand bol, mélanger à la fourchette ou au fouet le substitut d'œuf, le lait, la farine, le parmesan, le sel, l'estragon et le poivre, jusqu'à consistance lisse. Verser sur le mélange de jambon.

3   Enfourner pour 20 minutes, ou jusqu'à ce que la lame d'un couteau insérée au centre ressorte propre. Saupoudrer de cheddar. Poursuivre la cuisson pendant 3 à 5 minutes, ou jusqu'à ce que le fromage soit fondu. Laisser reposer 5 minutes avant de couper.

* On peut remplacer les asperges par une boîte de 255 g (9 oz) de morceaux de brocoli.

** On peut remplacer les feuilles d'estragon par des feuilles de basilic séchées.

**1 portion :** 200 cal (40 cal provenant des lipides) ; lipides 4,5 g (saturés 2 g) ; chol. 20 mg ; sodium 940 mg ; glucides nets 17 g ; quantité tot. de gluc. 19 g (fibres 2 g) ; prot. 22 g | **% de l'apport quotidien :** vit. A 15% ; vit. C 10% ; calc. 25% ; fer 15% | **échanges :** 1 1/2 féculent, 2 1/2 viandes très maigres | **CHOIX DE GLUCIDES :** 1

# Casserole de chiles verts, d'œufs et de pommes de terre, cuite au four

Glucides **18 g**
Glucides nets **15 g**

préparation :
**15 minutes**

du début à la fin :
**1 heure
25 minutes**

625 ml (2 1/2 tasses) de pommes de terre rissolées en dés, décongelées

50 ml (1/4 tasse) de grains de maïs entiers congelés, provenant d'un sac de 455 g (1 lb), décongelés

50 ml (1/4 tasse) de poivron rouge rôti, égoutté et haché, provenant d'un pot de 200 ml (7 oz)

1 boîte de 128 ml (4,5 oz) de chiles verts hachés, égouttés

375 ml (1 1/2 tasse) de cheddar râpé à teneur réduite en matières grasses, soit 175 g (6 oz)

625 ml (2 1/2 tasses) de substitut d'œuf sans gras et sans cholestérol

125 ml (1/2 tasse) de fromage cottage à petits grains

2 ml (1/2 c. à thé) de feuilles d'origan séchées

1 ml (1/4 c. à thé) de poudre d'ail

4 oignons verts de grosseur moyenne, hachés, soit 50 ml (1/4 tasse)

1 Préchauffer le four à 180 °C (350 °F). Vaporiser un enduit antiadhésif dans un plat de cuisson de 28 x 17,5 cm (11 x 7 po). Dans le plat de cuisson, disposer en couches les pommes de terre, le maïs, les poivrons rôtis, les chiles et 250 ml (1 tasse) de cheddar.

2 Dans un bol moyen, battre à la vitesse moyenne du mixeur électrique le substitut d'œuf, le fromage cottage, l'origan et la poudre d'ail, jusqu'à consistance lisse. Verser lentement le mélange dans le plat de cuisson. Parsemer avec les oignons verts et 125 ml (1/2 tasse) de fromage.

3 Couvrir de papier d'aluminium et enfourner pour 30 minutes. Découvrir et poursuivre la cuisson pendant environ 30 minutes, ou jusqu'à ce que le dessus soit doré et que le centre ait pris. Laisser reposer 10 minutes avant de couper.

**1 portion :** 150 cal (15 cal provenant des lipides) ; lipides 2 g (saturés 1 g) ; chol. 0 mg ; sodium 810 mg ; glucides nets 15 g ; quantité tot. de gluc. 18 g (fibres 3 g) ; prot. 16 g | **% de l'apport quotidien :** vit. A 20 % ; vit. C 15 % ; calc. 20 % ; fer 10 % | **échanges :** 1 féculent, 2 viandes très maigres | **CHOIX DE GLUCIDES :** 1

# Carrés à la saucisse épicée pour le petit déjeuner

1 paquet de 340 g (12 oz) de chair à saucisse de porc épicée congelée, décongelée

75 ml (1/3 tasse) d'oignon haché

2 gousses d'ail, finement hachées

1 poivron rouge de grosseur moyenne, haché, soit 250 ml (1 tasse)

375 ml (1 1/2 tasse) de farine tout usage

1 ml (1/4 c. à thé) de sel

1 ml (1/4 c. à thé) de piment rouge broyé

250 ml (1 tasse) de lait

3 gros œufs

375 ml (1 1/2 tasse) de mélange mexicain de fromage râpé, soit 175 g (6 oz)

1 Préchauffer le four à 220 °C (425 °F). Vaporiser un enduit antiadhésif dans un plat de 33 x 23 cm (13 x 9 po). Dans un poêle de 30,5 cm (12 po), faire cuire la saucisse, l'oignon et l'ail à feu moyen, en remuant souvent, jusqu'à ce que la saucisse ait perdu sa coloration rosée; égoutter. Incorporer le poivron; retirer du feu.

2 Dans un grand bol, fouetter la farine, le sel, le piment rouge broyé, le lait et les œufs jusqu'à consistance lisse. Verser dans le plat. Verser le mélange de porc sur la pâte. Saupoudrer de fromage.

3 Enfourner à découvert pour 22 à 27 minutes, ou jusqu'à ce que le dessus soit doré.

---

**Glucides 15 g**
**Glucides nets 15 g**

préparation :
**30 minutes**

du début à la fin :
**55 minutes**

## info-glucides

Disposez en alternance des tranches d'orange et de kiwi sur un plat de service. Les fruits ajouteront non seulement de la couleur, ils permettront également d'adoucir le côté épicé de ces carrés pour le petit déjeuner.

---

**1 portion :** 190 cal (90 cal provenant des lipides) ; lipides 10 g (saturés 5 g) ; chol. 80 mg ; sodium 340 mg ; glucides nets 15 g ; quantité tot. de gluc. 15 g (fibres 0 g) ; prot. 10 g | **% de l'apport quotidien :** vit. A 20 % ; vit. C 20 % ; calc. 15 % ; fer 6 % | **échanges :** 1 féculent, 1 viande très grasse | **CHOIX DE GLUCIDES :** 1

Carrés à la saucisse épicée pour le petit déjeuner

Glucides **18 g**
Glucides nets **16 g**

préparation :
**15 minutes**

du début à la fin :
**15 minutes**

4 sandwichs ouverts

# Bagels au jambon au miel

**2 bagels de seigle noir ou de blé entier**

**20 ml (4 c. à thé) de moutarde au miel**

**4 tranches de jambon au miel cuit au four**

**4 tranches minces, de 15 g (1/2 oz) chacune, de fromage suisse**

1 Préchauffer le four à 200 °C (400 °F). Étaler 5 ml (1 c. à thé) de moutarde sur chaque demi-bagel. Garnir chacun avec le jambon et le fromage. Mettre sur une plaque à pâtisserie.

2 Enfourner pour 3 à 5 minutes, ou jusqu'à ce que le fromage soit fondu.

**1 portion :** 180 cal (60 cal provenant des lipides) ; lipides 7 g (saturés 3,5 g) ; chol. 30 mg ; sodium 610 mg ; glucides nets 16 g ; quantité tot. de gluc. 18 g (fibres 2 g) ; prot. 13 g | **% de l'apport quotidien :** vit. A 2 % ; vit. C 0 % ; calc. 15 % ; fer 8 % | **échanges :** 1 féculent, 1 1/2 viande mi-grasse | **CHOIX DE GLUCIDES :** 1

**Bagels au jambon au miel**

Glucides **19 g**
Glucides nets **16 g**

préparation :
**10 minutes**

du début à la fin :
**25 minutes**

12 portions

# Gaufres au blé entier

125 ml (1/2 tasse) de substitut d'œuf sans gras et sans cholestérol, ou 2 gros œufs

500 ml (2 tasses) de farine de blé entier

50 ml (1/4 tasse) de beurre ou de margarine, fondus

425 ml (1 3/4 tasse) de lait écrémé

15 ml (1 c. à soupe) de sucre

15 ml (3 c. à thé) de levure chimique

2 ml (1/2 c. à thé) de sel

90 ml (6 c. à soupe) de germe de blé

1 Vaporiser un enduit antiadhésif sur les grilles du gaufrier et le faire chauffer. Dans un bol moyen, battre le substitut d'œuf avec le mixeur à main jusqu'à consistance moelleuse. Incorporer le reste des ingrédients, sauf le germe de blé, jusqu'à consistance lisse.

2 Pour chaque gaufre, verser environ un tiers de la pâte au centre de la grille du gaufrier chaud ; saupoudrer de 30 ml (2 c. à soupe) de germe de blé. Cuire environ 5 minutes ou jusqu'à ce qu'il ne s'échappe plus de vapeur. Retirer délicatement la gaufre, puis la séparer en quatre.

**1 portion :** 130 cal (40 cal provenant des lipides) ; lipides 4,5 g (saturés 2 g) ; chol. 10 mg ; sodium 280 mg ; glucides nets 16 g ; quantité tot. de gluc. 19 g (fibres 3 g) ; prot. 6 g | **% de l'apport quotidien :** vit. A 6% ; vit. C 0% ; calc. 10% ; fer 8% | **échanges :** 1 féculent, 1/2 viande très maigre, 1 gras | **CHOIX DE GLUCIDES :** 1

# 3 Plats de viande sans cérémonie

◖ = **super express** prêt en 30 minutes ou moins

# La diversité — pour mettre du piquant dans votre vie!

Égayez vos papilles blasées avec un monde de saveurs! Explorez et dégustez : du plus simple au plus élaboré, du doux au prononcé, de l'exotique au familier. Dépassez les seuls sel et poivre, parce qu'une explosion de goûts attend de se répandre sur vos viandes. Que l'on parle de bœuf, porc, poulet, poisson ou fruits de mer, ils seront délicieux plongés dans une marinade ou frottés avec un assaisonnement relevé. Essayez l'un de ces rehausseurs de saveur fabuleux — ils sont simples et délicieux.

## 1 Marinades

Préparez la marinade en suivant les instructions, puis mélangez-la avec du bœuf, du porc, du poulet, du poisson ou des fruits de mer dans un sac de plastique avec une fermeture à glissière, ou un contenant peu profond, en verre ou en plastique. Refermez le sac ou couvrez le contenant, et réfrigérez le bœuf, le porc ou le poulet pendant au moins 4 heures, mais pas plus de 24 heures. Réfrigérez le poisson ou les fruits de mer jusqu'à 30 minutes; un délai plus long peut rendre la texture molle et friable. Cependant, les poissons à chair ferme comme le flétan, l'espadon et le thon peuvent mariner jusqu'à 4 heures. Retirez de la marinade et faites cuire selon votre méthode préférée.

## 2 Assaisonnements

Préparez l'assaisonnement en suivant les instructions, puis faites cuire la viande selon votre méthode préférée.

## 3 Savourez!

## Sauce barbecue

250 ml (1 tasse) de ketchup

50 ml (1/4 tasse) de beurre ou de margarine

75 ml (1/3 tasse) d'eau

15 ml (1 c. à soupe) de paprika

5 ml (1 c. à thé) de cassonade tassée

1 ml (1/4 c. à thé) de poivre

1 oignon de grosseur moyenne, finement haché, soit 125 ml (1/2 tasse)

30 ml (2 c. à soupe) de jus de citron

15 ml (1 c. à soupe) de sauce Worcestershire

Dans une casserole de 1,5 l (6 tasses), porter à ébullition sur feu moyen tous les ingrédients, sauf le jus de citron et la sauce Worcestershire. Incorporer le jus de citron et la sauce Worcestershire. Chauffer jusqu'à ce que le mélange soit très chaud. Cuire du bœuf, du porc ou du poulet au four, ou faire griller la viande sous le gril du four ou sur le gril. Si l'on fait griller la viande, badigeonner de sauce pendant les 10 à 15 dernières minutes de cuisson. Donne environ 500 ml (2 tasses) de sauce.

**30 ml (2 c. à soupe) :** 50 cal (25 cal provenant des lipides); lipides 3 g (saturés 1,5 g); chol. 10 mg; sodium 210 mg; quantité tot. de gluc. 5 g (fibres 0 g); prot. 0 g | **% de l'apport quotidien :** vit. A 10%; vit. C 2%; calc. 0%; fer 0% | **échanges :** 1/2 autre aliment | **CHOIX DE GLUCIDES :** 0

# Marinade à l'ail

**30 ml (2 c. à soupe) d'huile d'olive ou végétale**

**4 gousses d'ail, finement hachées**

**15 ml (1 c. à soupe) de feuilles de romarin frais, hachées, ou 5 ml (1 c. à thé) de romarin séché, émietté**

**2 ml (1/2 c. à thé) de moutarde en poudre**

**15 ml (1 c. à soupe) d'eau**

**10 ml (2 c. à thé) de sauce soja**

**45 ml (3 c. à soupe) de vinaigre de vin rouge ou blanc, de xérès sec, ou de jus de pomme**

Dans une poêle antiadhésive de 25,5 cm (10 po), chauffer l'huile à feu moyen-vif. Colorer l'ail dans l'huile, en remuant souvent. Incorporer le romarin, la moutarde, l'eau et la sauce soja ; retirer du feu. Incorporer le vinaigre, puis tiédir. Utiliser pour faire mariner 455 g (1 lb) de bœuf, de porc ou de poulet. Cuire la viande au four, ou la faire griller sous le gril du four ou sur le gril. Donne environ 125 ml (1/2 tasse) de marinade.

**15 ml (1 c. à soupe) :** 35 cal (30 cal provenant des lipides) ; lipides 3,5 g (saturés 0 g) ; chol. 0 mg ; sodium 75 mg ; quantité tot. de gluc. 1 g (fibres 0 g) ; prot. 0 g | **% de l'apport quotidien :** vit. A 0% ; vit. C 0% ; calc. 0% ; fer 0% | **échanges :** 1/2 gras | **CHOIX DE GLUCIDES :** 0

# Marinade aux agrumes

**15 ml (1 c. à soupe) de feuilles de basilic frais, hachées, ou 5 ml (1 c. à thé) de basilic séché**

**45 ml (3 c. à soupe) de jus d'orange**

**30 ml (2 c. à soupe) de jus de citron**

**30 ml (2 c. à soupe) d'huile d'olive ou végétale**

**2 ml (1/2 c. à thé) de sel**

**1 ml (1/4 c. à thé) de poivre**

**2 gousses d'ail, finement hachées**

Dans un petit bol, mélanger tous les ingrédients. Utiliser pour mariner 455 g (1 lb) de porc, de poulet ou de poisson. Cuire la viande au four, ou la griller sous le gril du four ou sur le gril. Donne environ 125 ml (1/2 tasse) de marinade.

**15 ml (1 c. à soupe) :** 35 cal (30 cal provenant des lipides) ; lipides 3,5 g (saturés 0 g) ; chol. 0 mg ; sodium 150 mg ; quantité tot. de gluc. 1 g (fibres 0 g) ; prot. 0 g | **% de l'apport quotidien :** vit. A 0% ; vit. C 2% ; calc. 0% ; fer 0% | **échanges :** 1/2 gras | **CHOIX DE GLUCIDES :** 0

# Assaisonnement aux fines herbes

**10 ml (2 c. à thé) d'huile d'olive ou végétale**

**15 ml (1 c. à soupe) d'estragon séché**

**10 ml (2 c. à thé) de thym séché**

**7 ml (1 1/2 c. à thé) de sauge séchée, émiettée**

**2 ml (1/2 c. à thé) de poudre d'oignon**

**1 ml (1/4 c. à thé) de sel**

Frotter l'huile sur 1 lb de bœuf, de porc ou de poulet. Dans un petit bol, mélanger le reste des ingrédients ; frotter sur la viande. Cuire la viande au four, ou la griller sous le gril du four ou sur le gril. Donne environ 30 ml (2 c. à soupe) d'assaisonnement.

**7 ml (1 1/2 c. à thé) :** 30 cal (20 cal provenant des lipides) ; lipides 2,5 g (saturés 0 g) ; chol. 0 mg ; sodium 150 mg ; quantité tot. de gluc. 1 g (fibres 0 g) ; prot. 0 g | **% de l'apport quotidien :** vit. A 0% ; vit. C 0% ; calc. 2% ; fer 6% | **échanges :** 1/2 gras | **CHOIX DE GLUCIDES :** 0

# Bavette au gingembre

préparation :
**20 minutes**

du début à la fin :
**8 heures
20 minutes**

## info-glucides

Faites une pause de glucides : servez cette recette avec des languettes de courgette, de courge d'été jaune et de poivron rouge poêlées, au lieu de l'accompagnement traditionnel de riz ou de pâtes riches en glucides.

**1 bavette de 455 g (1 lb)**

**75 ml (1/3 tasse) de jus de citron**

**30 ml (2 c. à soupe) de miel**

**15 ml (1 c. à soupe) de sauce soja à teneur réduite en sodium**

**10 ml (2 c. à thé) de gingembre frais, râpé, ou 5 ml (1 c. à thé) de gingembre moulu**

**2 gousses d'ail, finement hachées**

1 Parer le bœuf. Faire des incisions en forme de diamant des deux côtés du bœuf à 1,5 cm (1/2 po) de distance et à 3 mm (1/8 po) de profondeur. Dans un plat de verre ou de plastique peu profond, mélanger le reste des ingrédients. Mettre le bœuf dans le plat, en le tournant pour enrober de marinade les deux côtés. Couvrir et réfrigérer pendant au moins 8 heures, mais pas plus de 24 heures, en retournant la pièce de viande de temps à autre.

2 Préchauffer le gril du four. Retirer le bœuf de la marinade ; réserver la marinade. Vaporiser un enduit antiadhésif sur la grille d'une lèchefrite. Mettre la viande sur la grille dans la plaque. Griller à 7,5 cm (3 po) de l'élément pendant environ 12 minutes pour une cuisson à point, soit 71 °C (160 °F), en tournant après 6 minutes et en badigeonnant souvent avec la marinade. Jeter la marinade restante. Couper le bœuf obliquement en travers du grain pour faire de fines tranches.

**1 portion :** 220 cal (70 cal provenant des lipides) ; lipides 8 g (saturés 3 g) ; chol. 65 mg ; sodium 200 mg ; glucides nets 11 g ; quantité tot. de gluc. 11 g (fibres 0 g) ; prot. 25 g | **% de l'apport quotidien :** vit. A 0% ; vit. C 4% ; calc. 0% ; fer 15% | **échanges :** 1/2 autre aliment, 3 1/2 viandes maigres | **CHOIX DE GLUCIDES :** 1

8 portions

# Biftecks grillés aux fines herbes

1 bifteck d'intérieur de ronde, avec l'os, de 1 kg (2 lb) et d'environ 2,5 cm (1 po) d'épaisseur

15 ml (1 c. à soupe) de feuilles de basilic frais, hachées, ou 5 ml (1 c. à thé) de basilic séché

30 ml (2 c. à soupe) de sauce soja à teneur réduite en sodium

15 ml (1 c. à soupe) d'huile végétale

15 ml (1 c. à soupe) de ketchup

10 ml (2 c. à thé) de feuilles d'origan frais, hachées, ou 2 ml (1/2 c. à thé) d'origan séché

2 ml (1/2 c. à thé) de sel

2 ml (1/2 c. à thé) de poivre grossièrement moulu

1 gousse d'ail, finement hachée

1 Parer le bœuf. Mettre la viande sur un grand morceau de pellicule plastique. Dans un petit bol, mélanger le reste des ingrédients ; frotter des deux côtés du bœuf. Plier la pellicule plastique sur le bœuf et fixer fermement. Réfrigérer pendant au moins 5 heures, mais pas plus de 24 heures.

2 Préchauffer le gril du four. Mettre la viande sur une grille dans une lèchefrite. Griller à environ 7,5 cm (3 po) de l'élément pendant 16 à 20 minutes pour une cuisson à point, soit 71 °C (160 °F), en retournant après 8 minutes. Couper le bœuf obliquement en travers du grain pour faire des tranches de 5 mm (1/4 po) d'épaisseur.

Glucides **1 g**
Glucides nets **1 g**

préparation :
**30 minutes**

du début à la fin :
**5 heures
30 minutes**

**1 portion :** 140 cal (45 cal provenant des lipides) ; lipides 5 g (saturés 1,5 g) ; chol. 60 mg ; sodium 350 mg ; glucides nets 1 g ; quantité tot. de gluc. 1 g (fibres 0 g) ; prot. 23 g | **% de l'apport quotidien :** vit. A 2% ; vit. C 0% ; calc. 0% ; fer 10% | **échanges :** 3 1/2 viandes très maigres, 1/2 gras | **CHOIX DE GLUCIDES :** 0

# Biftecks et légumes italiens

Glucides **7 g**
Glucides nets **9 g**

préparation :
**25 minutes**

du début à la fin :
**40 minutes**

125 ml (1/2 tasse) de vinaigrette balsamique

50 ml (1/4 tasse) de feuilles de basilic frais, hachées

7 ml (1 1/2 c. à thé) de sel aux épices poivré

2 biftecks de coquille d'aloyau, de 225 à 283 g (8 oz à 10 oz) chaque et d'environ 2,5 cm (1 po) d'épaisseur

455 g (1 lb) d'asperges, coupées en tronçons de 5 cm (2 po)

1 oignon rouge de grosseur moyenne, coupé en croissants minces

1 poivron jaune, coupé en 8 morceaux

1 Dans un grand bol, mélanger 30 ml (2 c. à soupe) de vinaigrette, 30 ml (2 c. à soupe) de basilic et 4 ml (3/4 c. à thé) de sel aux épices poivré ; réserver pour les légumes. Dans un plat de verre ou de plastique peu profond, ou un sac de plastique avec une glissière à pression, mélanger le reste de la vinaigrette, du basilic et du sel aux épices poivré ; ajouter le bœuf. Couvrir le plat ou refermer le sac, puis réfrigérer pendant 15 minutes.

2 Chauffer le barbecue à charbon de bois ou à gaz propane pour une cuisson directe. Ajouter les asperges, l'oignon et le poivron dans la vinaigrette réservée ; remuer pour enrober. Mettre les légumes dans un plat d'aluminium jetable de 20,5 cm (8 po) ou dans un panier de cuisson pour barbecue. Réserver la vinaigrette dans le bol.

3 Retirer le bœuf de la marinade ; réserver la marinade. Couvrir le barbecue et griller le plat de légumes à feu moyen pendant 5 minutes. Ajouter le bœuf près du plat de légumes. Couvrir le barbecue, et griller le bœuf et les légumes pendant 10 à 12 minutes, en retournant le bœuf une fois et en remuant les légumes de temps à autre, jusqu'à ce que le bœuf soit cuit tel que désiré et que les légumes soient tendres. Badigeonner le bœuf avec la marinade réservée pendant les 5 dernières minutes de cuisson.

4 Verser les légumes dans le bol avec la vinaigrette réservée ; remuer pour enrober. Couper le bœuf en tranches minces. Jeter le reste de la marinade. Servir les légumes avec le bœuf. Arroser avec plus de vinaigrette, si désiré.

**1 portion :** 240 cal (80 cal provenant des lipides) ; lipides 9 g (saturés 3,5 g) ; chol. 75 mg ; sodium 580 mg ; glucides nets 7 g ; quantité tot. de gluc. 9 g (fibres 2 g) ; prot. 30 g | **% de l'apport quotidien :** vit. A 20% ; vit. C 60% ; calc. 4% ; fer 20% | **échanges :** 1 1/2 légume, 4 viandes très maigres, 1 1/2 gras | **CHOIX DE GLUCIDES :** 1/2

Biftecks et légumes italiens

Glucides **2 g**
Glucides nets **2 g**

préparation :
**25 minutes**

du début à la fin :
**25 minutes**

# info-
## glucides

Au lieu de servir des pommes de terre, essayez de faire cuire des morceaux de chou-fleur avec une gousse d'ail, jusqu'à ce qu'ils soient tendres ; égoutter. Dans un robot, réduire le chou-fleur et l'ail avec un peu d'huile d'olive, de beurre ou de mayonnaise à teneur réduite en matières grasses, en salant au goût, jusqu'à la consistance désirée — le résultat ressemblera à s'y méprendre à une purée de pommes de terre. Le chou-fleur ne contient que 2 g de glucides par 125 ml (1/2 tasse), comparativement à 11,6 g dans la moitié d'une petite pomme de terre cuite au four.

4 portions

# Bœuf au jus, style grilladerie

300 ml (1 1/4 tasse) de bouillon de bœuf sans gras

15 ml (1 c. à soupe) de sauce Worcestershire

15 ml (1 c. à soupe) de vinaigre balsamique ou de vinaigre de vin rouge

2 ml (1/2 c. à thé) de sucre

2 gousses d'ail, finement hachées

1 bifteck de surlonge désossée de 455 g (1 lb) et d'environ 2 cm (3/4 po) d'épaisseur

50 ml (1/4 tasse) de persil frais, haché

Poivre du moulin

1 Dans un petit bol, fouetter le bouillon, la sauce Worcestershire, le vinaigre, le sucre et l'ail, jusqu'à consistance homogène ; réserver.

2 Vaporiser un enduit antiadhésif dans une poêle de 25,5 cm (10 po) et la chauffer sur feu moyen-vif. Rôtir le bœuf dans la poêle pendant 8 à 10 minutes, en le retournant une fois. Retirer le bœuf de la poêle et réserver au chaud.

3 Verser le bouillon dans la poêle ; porter à ébullition. Faire réduire pendant 5 minutes, en remuant constamment, jusqu'à ce qu'il ne reste que 75 ml (1/3 tasse) de sauce ; retirer du feu.

4 Couper le bœuf obliquement en travers du grain pour faire de fines tranches. Servir la sauce sur le bœuf. Parsemer de persil et de poivre.

**1 portion :** 130 cal (30 cal provenant des lipides) ; lipides 3,5 g (saturés 1 g) ; chol. 60 mg ; sodium 240 mg ; glucides nets 2 g ; quantité tot. de gluc. 2 g (fibres 0 g) ; prot. 23 g | **% de l'apport quotidien :** vit. A 8 % ; vit. C 6 % ; calc. 0 % ; fer 15 % | **échanges :** 3 viandes maigres | **CHOIX DE GLUCIDES :** 0

4 portions

# Biftecks avec sauce relevée au poivre

Glucides **6 g**
Glucides nets **6 g**

préparation :
**30 minutes**

du début à la fin :
**30 minutes**

**1 bifteck de haut de surlonge de 455 g (1 lb) et d'environ 2 cm (3/4 po) d'épaisseur**

**45 ml (3 c. à soupe) de ketchup**

**45 ml (3 c. à soupe) d'eau**

**4 ml (3/4 c. à thé) de sauce soja**

**1/2 poivron vert de grosseur moyenne, coupé en fines lanières**

**1 petit oignon, émincé**

**Poivre noir grossièrement moulu**

1 Parer le bœuf. Mettre le bœuf entre deux morceaux de pellicule plastique ou de papier ciré. Attendrir avec un attendrisseur à viande ou un rouleau à pâte. Couper la viande en 4 portions.

2 Dans un petit bol, fouetter le ketchup, l'eau et la sauce soja jusqu'à consistance homogène ; réserver.

3 Vaporiser un enduit antiadhésif dans une poêle de 25,5 cm (10 po) ; chauffer sur feu moyen-vif. Rôtir le bœuf dans la poêle pendant 3 minutes, en le retournant une fois. Ajouter le poivron et l'oignon. Incorporer le mélange de ketchup ; régler à feu doux. Couvrir et laisser mijoter pendant 12 minutes. Retirer le bœuf de la poêle et réserver au chaud.

4 Incorporer le poivre dans la poêle ; porter la sauce à ébullition. Faire épaissir pendant 2 minutes, en remuant souvent. Verser la sauce sur le bœuf.

**1 portion :** 150 cal (30 cal provenant des lipides) ; lipides 3,5 g (saturés 1 g) ; chol. 60 mg ; sodium 230 mg ; glucides nets 6 g ; quantité tot. de gluc. 6 g (fibres 0 g) ; prot. 23 g | **% de l'apport quotidien :** vit. A 6% ; vit. C 15% ; calc. 0% ; fer 15% | **échanges :** 1/2 autre aliment, 3 viandes très maigres, 1/2 gras | **CHOIX DE GLUCIDES** : 1/2

# info-glucides

Les variétés de moutarde non sucrées contiennent une quantité négligeable de glucides. Vous en trouverez différentes marques au supermarché et plus encore dans les épiceries fines. Utilisez votre sorte favorite ou essayez différentes marques pour varier la saveur de ce bœuf au goût formidable.

4 portions

# Biftecks de surlonge et sauce dijonnaise au bacon

4 tranches de bacon, coupées en morceaux de 1,5 cm (1/2 po)

1 bifteck de surlonge désossée de 455 g (1 lb) et de 2 cm (3/4 po) d'épaisseur

2 ml (1/2 c. à thé) de sel aux épices poivré

125 ml (1/2 tasse) de bouillon de bœuf

10 ml (2 c. à thé) de moutarde de Dijon

2 ml (1/2 c. à thé) de feuilles de thym frais, hachées, ou 0,5 ml (1/8 c. à thé) de thym séché

4 oignons verts de grosseur moyenne, tranchés, soit 50 ml (1/4 tasse)

1 Dans une poêle antiadhésive de 30,5 cm (12 po), cuire le bacon à feu moyen, en remuant de temps à autre, jusqu'à consistance croustillante. Retirer le bacon de la poêle avec une cuillère à égoutter ; égoutter sur des essuie-tout. Réserver 15 ml (1 c. à soupe) de graisse de bacon dans la poêle

2 Couper le bœuf en 4 portions. Saupoudrer avec le sel aux épices poivré. Rôtir le bœuf dans la graisse de bacon sur feu moyen pendant environ 6 minutes, en le retournant une fois, jusqu'à la cuisson désirée. Retirer le bœuf de la poêle et réserver au chaud.

3 Dans la poêle, mélanger le bouillon, la moutarde, le thym et les oignons verts. Cuire à feu moyen, en remuant de temps en temps, jusqu'à l'obtention d'un léger épaississement. Verser la sauce sur le bœuf. Parsemer de bacon.

**1 portion :** 180 cal (70 cal provenant des lipides) ; lipides 8 g (saturés 2,5 g) ; chol. 65 mg ; sodium 530 mg ; glucides nets 0 g ; quantité tot. de gluc. 0 g (fibres 0 g) ; prot. 26 g | **% de l'apport quotidien :** vit. A 2% ; vit. C 0% ; calc. 0% ; fer 15 % | **échanges :** 3 1/2 viandes maigres | **CHOIX DE GLUCIDES :** 0

# Biftecks style suisse

1 bifteck de ronde, de pointe de surlonge ou de palette, désossé, d'environ 2 cm (3/4 po) d'épaisseur

45 ml (3 c. à soupe) de farine tout usage

5 ml (1 c. à thé) de moutarde en poudre

2 ml (1/2 c. à thé) de sel

10 ml (2 c. à thé) d'huile végétale

1 boîte de 412 ml (14,5 oz) de tomates entières, non égouttées

2 gousses d'ail, finement hachées

250 ml (1 tasse) d'eau

1 gros oignon, tranché

1 gros poivron vert, tranché

Glucides **10 g**
Glucides nets **8 g**

préparation :
**40 minutes**

du début à la fin :
**1 heure
55 minutes**

1 Parer le bœuf. Dans un petit bol, mélanger la farine, la moutarde et le sel. Répandre la moitié du mélange de farine sur un côté du bœuf ; attendrir. Tourner la viande, répandre le reste du mélange de farine et attendrir. Couper le bœuf en 6 portions.

2 Dans une poêle antiadhésive de 25,5 cm (10 po), chauffer l'huile à feu moyen. Rôtir le bœuf dans l'huile pendant environ 15 minutes, en le retournant une fois. Incorporer les tomates et l'ail, en écrasant les tomates. Porter à ébullition ; réduire à feu doux. Couvrir et laisser mijoter environ 1 heure 15 minutes ou jusqu'à ce que le bœuf soit tendre.

3 Incorporer l'eau, l'oignon et le poivron vert. Porter à ébullition ; réduire à feu doux. Couvrir et laisser mijoter pendant 5 à 8 minutes pour attendrir les légumes.

**1 portion :** 180 cal (50 cal provenant des lipides) ; lipides 5 g (saturés 1,5 g) ; chol. 60 mg ; sodium 340 mg ; glucides nets 8 g ; quantité tot. de gluc. 10 g (fibres 2 g) ; prot. 24 g | **% de l'apport quotidien :** vit. A 8 % ; vit. C 30 % ; calc. 4 % ; fer 15 % | **échanges :** 1/2 autre aliment, 3 1/2 viandes très maigres, 1/2 gras | **CHOIX DE GLUCIDES :** 1/2

Glucides **11 g**
Glucides nets **9 g**

préparation :
**15 minutes**

du début à la fin :
**15 minutes**

# info-glucides

La sauce hoisin est un mélange de fèves de soja, d'ail et de piments chilis. Elle ne contient aucun gras et environ 15 g de glucides par 30 ml (2 c. à soupe). Sa qualité principale est d'être bourrée de saveur — il n'en faut pas beaucoup pour donner du goût aux aliments !

4 portions

# Bœuf aux poivrons épicé

**15 ml (1 c. à soupe) d'huile de chili ou d'huile végétale**

**455 g (1 lb) de morceaux de bœuf pour sautés**

**1 gros poivron, coupé en dés de 2 cm (3/4 po)**

**1 oignon de grosseur moyenne, tranché**

**50 ml (1/4 tasse) de sauce hoisin**

1 Dans une poêle antiadhésive de 30,5 cm (12 po), chauffer l'huile sur feu moyen-vif. Faire sauter le bœuf en remuant pendant environ 2 minutes, ou jusqu'à ce qu'il soit coloré.

2 Ajouter le poivron et l'oignon ; faire sauter en remuant pendant environ 1 minute ou jusqu'à ce que les légumes soient légèrement attendris. Incorporer la sauce hoisin ; cuire en remuant pendant environ 30 secondes ou jusqu'à ce que le contenu soit très chaud.

**1 portion :** 210 cal (70 cal provenant des lipides) ; lipides 8 g (saturés 2 g) ; chol. 60 mg ; sodium 300 mg ; glucides nets 9 g ; quantité tot. de gluc. 11 g (fibres 2 g) ; prot. 24 g | **% de l'apport quotidien :** vit. A 10% ; vit. C 35% ; calc. 2% ; fer 15% | **échanges :** 1/2 autre aliment, 3 1/2 viandes maigres | **CHOIX DE GLUCIDES :** 1

4 portions

# Bœuf et légumes nourrissants

Glucides **13 g**
Glucides nets **11 g**

préparation :
**30 minutes**

du début à la fin :
**30 minutes**

1 bifteck de haut de surlonge de 455 g (1 lb) et d'environ 2 cm (3/4 po) d'épaisseur

1 sac de 340 g (12 oz) de légumes surgelés pour ragoût, décongelés et égouttés

250 ml (1 tasse) de tronçons de haricots verts congelés, provenant d'un sac de 455 g (1 lb), décongelés et égouttés

125 ml (1/2 tasse) d'eau

15 ml (1 c. à soupe) de sauce Worcestershire

1 sachet de 30 g (1 oz) de mélange pour soupe à l'oignon, provenant d'une boîte de 55 g (2 oz)

45 ml (3 c. à soupe) de persil frais, haché

1 Parer le bœuf. Couper la viande en morceaux de 1,5 cm (1/2 po). Vaporiser un enduit antiadhésif dans une marmite de 4 l (16 tasses); chauffer sur feu moyen-vif. Cuire le bœuf dans la marmite pendant 2 minutes, en remuant constamment.

2 Incorporer les légumes pour ragoûts, les haricots verts, l'eau, la sauce Worcestershire et le mélange pour soupe (en poudre). Porter à ébullition; régler à feu doux. Couvrir et laisser mijoter pendant 12 à 14 minutes, en remuant de temps en temps, jusqu'à ce que les pommes de terre soient tendres. Retirer du feu. Incorporer le persil.

**1 portion :** 180 cal (30 cal provenant des lipides); lipides 3,5 g (saturés 1 g); chol. 60 mg; sodium 730 mg; glucides nets 11 g; quantité tot. de gluc. 13 g (fibres 2 g); prot. 24 g | **% de l'apport quotidien :** vit. A 10%; vit. C 8%; calc. 4%; fer 15% | **échanges :** 1/2 féculent, 1 légume, 3 viandes très maigres, 1/2 gras |
**CHOIX DE GLUCIDES :** 1

Glucides **7 g**
Glucides nets **7 g**

préparation :
**25 minutes**

du début à la fin :
**25 minutes**

4 portions

# Filet mignon savoureux

**340 g (3/4 lb) de filet de bœuf**

**10 ml (2 c. à thé) de feuilles de marjolaine fraîche, hachées, ou 2 ml (1/2 c. à thé) de marjolaine séchée**

**10 ml (2 c. à thé) de sucre**

**5 ml (1 c. à thé) de poivre noir grossièrement moulu**

**15 ml (1 c. à soupe) de beurre ou de margarine**

**250 ml (1 tasse) de champignons frais, tranchés, soit 85 g (3 oz)**

**1 petit oignon, émincé**

**175 ml (3/4 tasse) de bouillon de bœuf**

**50 ml (1/4 tasse) de vin rouge sec ou de vin sans alcool**

**15 ml (1 c. à soupe) de fécule de maïs**

1 Couper le bœuf en quatre tranches de 2 cm (3/4 po) d'épaisseur. Mélanger la marjolaine, le sucre et le poivre ; frotter ce mélange sur les deux côtés des tranches de bœuf. Dans une poêle de 25,5 cm (10 po), faire fondre le beurre à feu moyen. Rôtir le bœuf dans le beurre pendant 3 à 5 minutes, en le retournant une fois. Déposer le bœuf dans un plat de service et réserver au chaud.

2 Cuire les champignons et l'oignon dans la même poêle, en conservant la graisse, à feu moyen pendant environ 2 minutes, pour attendrir légèrement l'oignon.

3 Dans un petit bol, mélanger le bouillon, le vin et la fécule de maïs. Incorporer au mélange de champignons. Cuire à feu moyen, en remuant sans arrêt, jusqu'à ce que la sauce épaississe et bouillonne. Faire bouillir en remuant pendant 1 minute. Verser sur le bœuf.

**1 portion :** 220 cal (120 cal provenant des lipides) ; lipides 13 g (saturés 5 g) ; chol. 60 mg ; sodium 260 mg ; glucides nets 7 g ; quantité tot. de gluc. 7 g (fibres 0 g) ; prot. 19 g | **% de l'apport quotidien :** vit. A 4% ; vit. C 0% ; calc. 0% ; fer 15% | **échanges :** 1/2 féculent, 2 1/2 viandes maigres, 1 gras | **CHOIX DE GLUCIDES :** 1/2

*6 portions*

# Filet de bœuf aux trois poivres

15 ml (1 c. à soupe) de poivre noir fraîchement moulu

10 ml (2 c. à thé) de poivre blanc

10 ml (2 c. à thé) de graines de fenouil, broyées

2 ml (1/2 c. à thé) de sel

2 ml (1/2 c. à thé) de thym moulu

1 ml (1/4 c. à thé) de poivre de Cayenne moulu

680 g (1 1/2 lb) de filet de bœuf

1  Dans un petit bol, mélanger tous les ingrédients, sauf le bœuf ; frotter ce mélange sur le bœuf. Couvrir et réfrigérer au moins 2 heures, mais pas plus de 24 heures.

2  Préchauffer le four à 180 °C (350 °F). Vaporiser un enduit antiadhésif dans une lèchefrite. Mettre le bœuf dans la plaque. Insérer la pointe d'un thermomètre à viande dans la partie la plus épaisse du bœuf. Cuire à découvert pendant environ 40 minutes où jusqu'à ce que le thermomètre indique 60 °C (140 °F), pour une cuisson mi-saignante. Recouvrir le bœuf de papier d'aluminium, sans serrer, et laisser reposer environ 15 minutes ; la température interne augmentera d'environ 2,8 °C (5 °F) et la viande sera plus facile à découper lorsque les jus se seront fixés. Couper obliquement la viande en travers du grain pour faire de fines tranches.

Glucides **2 g**
Glucides nets **2 g**

préparation :
**10 minutes**

du début à la fin :
**3 heures
5 minutes**

# info-glucides

Ce bifteck relevé n'est pas pour les papilles sensibles ! Servez-le avec une salade de verdures croquantes et des haricots verts vapeur pour équilibrer le goût piquant.

**1 portion :** 180 cal (70 cal provenant des lipides) ; lipides 8 g (saturés 3 g) ; chol. 65 mg ; sodium 260 mg ; glucides nets 2 g ; quantité tot. de gluc. 2 g (fibres 0 g) ; prot. 25 g | **% de l'apport quotidien :** vit. A 2% ; vit. C 0% ; calc. 2% ; fer 15% | **échanges :** 3 1/2 viandes maigres | **CHOIX DE GLUCIDES :** 0

Glucides **14 g**
Glucides nets **14 g**

préparation :
**20 minutes**

du début à la fin :
**20 minutes**

6 portions

# Hamburgers dijonnais grillés

**50 ml (1/4 tasse) de substitut d'œuf sans gras et sans cholestérol, ou 2 gros blancs d'œufs**

**30 ml (2 c. à soupe) de lait écrémé**

**10 ml (2 c. à thé) de moutarde de Dijon**

**1 ml (1/4 c. à thé) de sel**

**0,5 ml (1/8 c. à thé) de poivre**

**250 ml (1 tasse) de chapelure (environ 2 tranches de pain)**

**1 petit oignon, finement haché, soit 50 ml (1/4 tasse)**

**455 g (1 lb) de bœuf haché très maigre (au moins à 90 %)**

**Pains à hamburger, séparés en deux et grillés, si désiré**

1 Préchauffer le gril du four. Vaporiser un enduit antiadhésif sur la grille d'une lèchefrite.

2 Dans un grand bol, mélanger le substitut d'œuf, le lait, la moutarde, le sel et le poivre. Incorporer la chapelure et l'oignon. Incorporer le bœuf. Façonner 6 galettes de viande, de 1,5 cm (1/2 po) d'épaisseur chacune, avec le mélange. Mettre les galettes sur la grille dans la lèchefrite.

3 Griller la viande à environ 12,5 cm (5 po) de l'élément pendant environ 10 minutes, en retournant une fois, pour une cuisson à point, ou jusqu'à ce qu'il n'y ait plus de coloration rosée au centre et qu'un thermomètre à viande inséré au centre indique 71 °C (160 °F). Servir les galettes de viande sur les pains.

**1 portion :** 190 cal (60 cal provenant des lipides); lipides 7 g (saturés 2,5 g); chol. 45 mg; sodium 350 mg; glucides nets 14 g; quantité tot. de gluc. 14 g (fibres 0 g); prot. 18 g | **% de l'apport quotidien :** vit. A 2 %; vit. C 0 %; calc. 6 %; fer 15 % | **échanges :** 1 féculent, 2 viandes maigres | **CHOIX DE GLUCIDES :** 1

Hamburgers dijonnais grillés

Glucides **5 g**
Glucides nets **4 g**

préparation :
**10 minutes**

du début à la fin :
**1 heure
5 minutes**

# info-
## glucides
Pour remplacer le
pain, servez les
pointes de viande
entre deux feuilles
de laitue iceberg.
Beaucoup de cro-
quant — aucun
glucide!

# Hamburger géant au four

455 g (1 lb) de bœuf haché très maigre
(au moins à 90 %)

1 petit poivron, finement haché

1 petit oignon, finement haché

15 ml (1 c. à soupe) de raifort préparé

15 ml (1 c. à soupe) de moutarde jaune

2 ml (1/2 c. à thé) de sel

75 ml (1/3 tasse) de sauce chili ou de ketchup

1 Préchauffer le four à 180 °C (350 °F). Dans un grand bol, mélanger tous les ingrédients à l'exception de la sauce chili. Dans une assiette à tarte en verre de 23 cm (9 po) non graissée, tasser le mélange de bœuf. Étaler la sauce chili sur le dessus.

2 Enfourner à découvert pour 45 à 50 minutes, ou jusqu'à ce qu'il n'y ait plus de coloration rosée au centre et qu'un thermomètre à viande inséré au centre indique 71 °C (160 °F); égoutter. Laisser reposer 5 minutes, puis couper en pointes.

**1 portion :** 130 cal (60 cal provenant des lipides); lipides 6 g (saturés 2,5 g); chol. 45 mg; sodium 470 mg; glucides nets 4 g; quantité tot. de gluc. 5 g (fibres 1 g); prot. 15 g | **% de l'apport quotidien :** vit. A 4%; vit. C 10%; calc. 0%; fer 10% | **échanges :** 1/2 autre aliment, 2 viandes maigres | **CHOIX DE GLUCIDES :** 0

8 portions

# Pain de viande

340 g (3/4 lb) de bœuf haché très maigre
(au moins à 90 %)

340 g (3/4 lb) de poitrine de dinde hachée

125 ml (1/2 tasse) de flocons d'avoine à
l'ancienne

125 ml (1/2 tasse) de purée de tomates

30 ml (2 c. à soupe) de persil frais, haché

2 ml (1/2 c. à thé) d'assaisonnement à
l'italienne

2 ml (1/2 c. à thé) de sel

1 ml (1/4 c. à thé) de poivre

1 petit oignon, haché, soit 50 ml (1/4 tasse)

1 gousse d'ail, finement hachée

1 Préchauffer le four à 180 °C (350 °F). Dans un grand bol, bien mélanger tous les ingrédients. Presser le mélange uniformément dans un moule à pain de 20,5 x 10 cm (8 x 5 po) ou 23 x 12,5 cm (9 x 5 po).

2 Enfourner à découvert pour 1 heure 15 minutes à 1 heure 30 minutes, ou jusqu'à ce que le centre ne soit plus rosé et qu'un thermomètre à viande inséré au centre indique au moins 71 °C (160 °F).

Glucides **6 g**
Glucides nets **5 g**

préparation :
**15 minutes**

du début à la fin :
**1 heure
45 minutes**

# info-
## glucides

La poitrine de dinde hachée maigre et l'avoine à l'ancienne aident à réduire les matières grasses, et à garder juteuse et savoureuse cette recette familiale favorite. Le saviez-vous ? Les flocons d'avoine à l'ancienne sont des grains entiers.

**1 portion :** 160 cal (70 cal provenant des lipides) ; lipides 8 g (saturés 2,5 g) ; chol. 55 mg ; sodium 260 mg ; glucides nets 5 g ; quantité tot. de gluc. 6 g (fibres 1 g) ; prot. 18 g | **% de l'apport quotidien :** vit. A 6% ; vit. C 2% ; calc. 0% ; fer 10% | **échanges :** 1/2 féculent, 2 1/2 viandes maigres | **CHOIX DE GLUCIDES :** 1/2

# Ragoût de bœuf, façon bolognaise

**680 g (1 1/2 lb) de bifteck de surlonge désossée, d'environ 2,5 cm (1 po) d'épaisseur**

**15 ml (1 c. à soupe) d'huile d'olive ou végétale**

**115 g (4 oz) de pancetta tranchée, ou de bacon maigre, coupé en morceaux de 1,5 cm (1/2 po)**

**1 oignon de grosseur moyenne, haché, soit 125 ml (1/2 tasse)**

**1 poivron vert de grosseur moyenne, haché, soit 250 ml (1 tasse)**

**2 gousses d'ail, finement hachées**

**15 ml (1 c. à soupe) de persil frais, haché**

**250 ml (1 tasse) de vin rouge doux ou de bouillon de poulet**

**15 ml (1 c. à soupe) de vinaigre balsamique**

**1 ml (1/4 c. à thé) de sel**

**1 ml (1/4 c. à thé) de poivre**

**2 pommes de terre de grosseur moyenne, coupées en morceaux de 2,5 cm (1 po)**

**1 carotte de grosseur moyenne, émincée, soit 125 ml (1/2 tasse)**

**2 feuilles de laurier, fraîches ou séchées**

1 Parer le bœuf, puis le couper en cubes de 2,5 cm (1 po).

2 Dans une marmite antiadhésive de 4 l, chauffer l'huile sur feu moyen. Cuire la pancetta, l'oignon, le poivron, l'ail et le persil dans l'huile pendant environ 10 minutes, en remuant de temps à autre, jusqu'à ce que la pancetta soit dorée.

3 Ajouter le bœuf et le reste des ingrédients. Porter à ébullition, puis réduire le feu. Couvrir et laisser mijoter environ 1 heure, en remuant de temps en temps, jusqu'à ce que le bœuf soit tendre. Retirer les feuilles de laurier.

**1 portion :** 230 cal (80 cal provenant des lipides) ; lipides 9 g (saturés 2,5 g) ; chol. 65 mg ; sodium 230 mg ; glucides nets 11 g ; quantité tot. de gluc. 13 g (fibres 2 g) ; prot. 26 g | **% de l'apport quotidien :** vit. A 40% ; vit. C 25% ; calc. 2% ; fer 20% | **échanges :** 1/2 autre aliment, 3 1/2 viandes maigres | **CHOIX DE GLUCIDES :** 1

Ragoût de bœuf, façon bolognaise

Glucides **5 g**
Glucides nets **3 g**

préparation :
**20 minutes**

du début à la fin :
**20 minutes**

4 portions

# Veau et asperges

15 ml (1 c. à soupe) d'huile végétale

15 ml (1 c. à soupe) d'échalote française finement hachée

1 gousse d'ail, finement hachée

340 g (3/4 lb) de fines tranches de cuisseau de veau ou de veau pour escalope

250 ml (1 tasse) de champignons frais, hachés, soit 85 g (3 oz)

75 ml (1/3 tasse) de vin blanc sec

10 ml (2 c. à thé) de feuilles de thym frais, hachées, ou 2 ml (1/2 c. à thé) de thym séché

340 g (12 oz) d'asperges, coupées en tronçons de 2,5 cm (1 po)*

1 Dans une poêle antiadhésive de 25,5 cm (10 po), chauffer l'huile à feu moyen-vif. Colorer légèrement l'échalote et l'ail dans l'huile, en remuant souvent ; régler à feu moyen. Ajouter le veau. Colorer pendant 3 minutes, en retournant une fois.

2 Ajouter le reste des ingrédients. Porter à ébullition ; réduire le feu. Couvrir et laisser mijoter environ 12 minutes, en remuant de temps à autre, jusqu'à ce que les asperges soient légèrement tendres.

*On peut remplacer les asperges fraîches par une boîte de 255 g (9 oz) de tronçons d'asperge surgelés, décongelés.*

**1 portion :** 120 cal (40 cal provenant des lipides) ; lipides 4,5 g (saturés 1,5 g) ; chol. 55 mg ; sodium 50 mg ; glucides nets 3 g ; quantité tot. de gluc. 5 g (fibres 2 g) ; prot. 16 g | **% de l'apport quotidien :** vit. A 15 % ; vit. C 20 % ; calc. 4 % ; fer 8 % | **échanges :** 1 légume, 2 viandes maigres | **CHOIX DE GLUCIDES :** 0

Veau et asperges

Glucides **9 g**
Glucides nets **9 g**

préparation :
**20 minutes**

du début à la fin :
**20 minutes**

4 portions

# Côtelettes de porc panées

50 ml (1/4 tasse) de mélange Bisquick à teneur réduite en matières grasses

7 biscuits salés carrés, écrasés, soit 125 ml (1/2 tasse)

2 ml (1/2 c. à thé) de sel aux épices

0,5 ml (1/8 c. à thé) de poivre

50 ml (1/4 tasse) de substitut d'œuf sans gras et sans cholestérol

15 ml (1 c. à soupe) d'eau

4 côtelettes de porc désossées, de 1,5 cm (1/2 po) d'épaisseur, soit environ 455 g (1 lb)

1 Dans un plat peu profond, mélanger le Bisquick, les miettes de biscuits salés, le sel aux épices et le poivre. Dans un autre plat peu profond, mélanger le substitut d'œuf et l'eau. Tremper le porc dans le mélange d'œufs, puis l'enrober du mélange de Bisquick.

2 Vaporiser un enduit antiadhésif dans une poêle de 30,5 cm (12 po); chauffer à feu moyen-vif. Rôtir le porc dans la poêle pendant 8 à 10 minutes, en le retournant une fois, jusqu'à ce que le centre ne soit plus rose.

**1 portion :** 240 cal (90 cal provenant des lipides); lipides 10 g (saturés 3,5 g); chol. 70 mg; sodium 380 mg; glucides nets 9 g; quantité tot. de gluc. 9 g (fibres 0 g); prot. 28 g | **% de l'apport quotidien :** vit. A 0%; vit. C 0%; calc. 2%; fer 10% | **échanges :** 1/2 féculent, 3 1/2 viandes maigres | **CHOIX DE GLUCIDES :** 1/2

**Côtelettes de porc panées**

# Côtelettes de porc style Sud-Ouest

8 côtelettes de porc avec ou sans os, d'environ 1,5 cm (1/2 po) d'épaisseur, soit environ 1 kg (2 lb)

15 ml (1 c. à soupe) d'assaisonnement au chili

5 ml (1 c. à thé) de cumin moulu

1 ml (1/4 c. à thé) de poivre de Cayenne moulu

1 ml (1/4 c. à thé) de sel

1 grosse gousse d'ail, finement hachée

1 Parer le porc. Dans un petit bol, mélanger le reste des ingrédients; frotter uniformément sur le porc. Couvrir et réfrigérer pendant 1 heure pour mélanger les saveurs.

2 Préchauffer le barbecue au charbon de bois ou au gaz pour une cuisson directe. Couvrir le barbecue et griller le porc à feu moyen pendant 8 à 10 minutes, en retournant souvent, jusqu'à ce qu'il n'y ait plus de coloration rosée lorsque l'on coupe la viande près de l'os.

Glucides **0 g**
Glucides nets **0 g**

préparation :
**10 minutes**

du début à la fin :
**1 heure**
**20 minutes**

**1 portion :** 130 cal (60 cal provenant des lipides); lipides 6 g (saturés 2 g); chol. 50 mg; sodium 115 mg; glucides nets 0 g; quantité tot. de gluc. 0 g (fibres 0 g); prot. 18 g | **% de l'apport quotidien :** vit. A 8%; vit. C 0%; calc. 0%; fer 6% | **échanges :** 2 1/2 viandes maigres | **CHOIX DE GLUCIDES :** 0

Côtelettes de porc style Sud-Ouest

Glucides **19 g**
Glucides nets **19 g**

préparation :
**30 minutes**

du début à la fin :
**30 minutes**

4 portions

# Côtelettes de porc au miel et à la moutarde

50 ml (1/4 tasse) de miel

30 ml (2 c. à soupe) de moutarde de Dijon

15 ml (1 c. à soupe) de jus d'orange

5 ml (1 c. à thé) de feuilles d'estragon frais, hachées, ou 1 ml (1/4 c. à thé) d'estragon séché

5 ml (1 c. à thé) de vinaigre balsamique ou de vinaigre de cidre

2 ml (1/2 c. à thé) de sauce Worcestershire blanche

1 pincée de poudre d'oignon

4 côtelettes papillon de porc, de 2,5 cm (1 po) d'épaisseur, soit environ 455 g (1 lb)

1 Enduire la grille du barbecue d'huile végétale. Préchauffer le barbecue au charbon de bois ou au gaz pour une cuisson directe. Dans un petit bol, mélanger tous les ingrédients à l'exception du porc.

2 Couvrir le barbecue et griller le porc à feu moyen pendant 14 à 16 minutes, en badigeonnant à l'occasion avec la sauce au miel et à la moutarde, et en retournant une fois, jusqu'à ce que le centre ne soit plus rose. Jeter le reste de la sauce.

**1 portion :** 270 cal (90 cal provenant des lipides); lipides 10 g (saturés 3 g); chol. 75 mg; sodium 240 mg; glucides nets 19 g; quantité tot. de gluc. 19 g (fibres 0 g); prot. 27 g | **% de l'apport quotidien :** vit. A 0%; vit. C 0%; calc. 0%; fer 6% | **échanges :** 1 autre aliment, 4 viandes maigres | **CHOIX DE GLUCIDES :** 1

4 portions

# Côtelettes de porc au miel et au citron, à la grecque

Glucides **14 g**
Glucides nets **14 g**

préparation :
**15 minutes**

du début à la fin :
**15 minutes**

4 côtelettes de porc avec ou sans os, de 1,5 cm (1/2 po) d'épaisseur, soit environ 455 g (1 lb)

15 ml (1 c. à soupe) d'assaisonnement à la grecque

5 ml (1 c. à thé) de zeste de citron

30 ml (2 c. à soupe) de jus de citron

45 ml (3 c. à soupe) de miel

1 Préchauffer le gril du four. Mettre le porc sur une grille dans une lèchefrite. Dans un petit bol, mélanger le reste des ingrédients. Badigeonner uniformément le mélange au miel sur le dessus des côtelettes.

2 Griller les côtelettes à une distance de 10 à 15 cm (4 à 6 po) de l'élément pendant 7 à 8 minutes, en retournant une fois et en badigeonnant avec la sauce au miel, jusqu'à ce qu'il n'y ait plus de rose lorsqu'on coupe près de l'os. Jeter le reste de la sauce au miel.

## info-glucides

Pour une touche méditerranéenne, préparez une salade avec des épinards frais, des tomates et des olives Kalamata.

**1 portion :** 230 cal (80 cal provenant des lipides) ; lipides 9 g (saturés 3 g) ; chol. 70 mg ; sodium 45 mg ; glucides nets 14 g ; quantité tot. de gluc. 14 g (fibres 0 g) ; prot. 24 g | **% de l'apport quotidien :** vit. A 0% ; vit. C 2% ; calc. 2% ; fer 8% | **échanges :** 1 autre aliment, 3 1/2 viandes maigres | **CHOIX DE GLUCIDES :** 1

Glucides **19 g**
Glucides nets **19 g**

préparation :
**20 minutes**

du début à la fin :
**20 minutes**

# info-
## glucides

Cherchez des confitures, gelées et marmelades sans sucre si vous désirez retrancher des glucides.

4 portions

# Médaillons de porc et sauce chaude aux ananas

455 g (1 lb) de filet de porc

1 ml (1/4 c. à thé) de sel

75 ml (1/3 tasse) de marmelade à l'ananas ou à l'orange

10 ml (2 c. à thé) de sauce Worcestershire

10 ml (2 c. à thé) de vinaigre de cidre

2 ml (1/2 c. à thé) de gingembre râpé

1 ml (1/4 c. à thé) de piment rouge broyé, si désiré

1 Couper le porc en tranches de 5 mm (1/4 po). Parsemer les deux côtés de sel.

2 Chauffer une poêle antiadhésive de 30,5 cm (12 po) sur feu moyen-vif. Cuire le porc dans la poêle pendant 5 à 6 minutes, en retournant une fois, jusqu'à ce qu'il n'y ait plus de rose au centre. Retirer le porc de la poêle et réserver au chaud.

3 Dans la poêle, mélanger le reste des ingrédients; porter à ébullition. Faire bouillir pendant 1 minute en remuant. Verser la sauce sur le porc.

**1 portion :** 220 cal (40 cal provenant des lipides); lipides 4,5 g (saturés 1,5 g); chol. 70 mg; sodium 230 mg; glucides nets 19 g; quantité tot. de gluc. 19 g (fibres 0 g); prot. 26 g | **% de l'apport quotidien :** vit. A 0%; vit. C 2%; calc. 0%; fer 10% | **échanges :** 1 autre aliment, 3 1/2 viandes très maigres, 1/2 gras | **CHOIX DE GLUCIDES :** 1

4 portions

# Porc à l'ail et au basilic

**340 g (3/4 lb) de filet de porc**

**5 ml (1 c. à thé) d'huile végétale**

**50 ml (1/4 tasse) de feuilles de basilic frais, hachées, ou 15 ml (1 c. à soupe) plus 5 ml (1 c. à thé) de basilic séché**

**50 ml (1/4 tasse) de bouillon de poulet sans gras**

**0,5 ml (1/8 c. à thé) de poivre de Cayenne moulu**

**4 gousses d'ail, finement hachées**

1   Couper le porc en diagonale en 8 morceaux. Mettre le porc entre deux feuilles de pellicule plastique ou de papier ciré ; attendrir doucement avec un attendrisseur à viande ou un rouleau à pâte pour atteindre une épaisseur de 5 mm (1/4 po).

2   Dans une poêle antiadhésive de 25,5 cm (10 po), chauffer l'huile à feu moyen-vif. Rôtir le porc dans l'huile pendant environ 3 minutes, en retournant une fois. Incorporer le reste des ingrédients. Porter à ébullition, puis réduire le feu. Couvrir et laisser mijoter environ 5 minutes, ou jusqu'à ce que le porc ne soit plus rose au centre.

Glucides **1 g**
Glucides nets **1 g**

préparation :
**25 minutes**

du début à la fin :
**25 minutes**

**1 portion :** 120 cal (40 cal provenant des lipides) ; lipides 4,5 g (saturés 1,5 g) ; chol. 55 mg ; sodium 70 mg ; glucides nets 1 g ; quantité tot. de gluc. 1 g (fibres 0 g) ; prot. 19 g | **% de l'apport quotidien :** vit. A 4% ; vit. C 0% ; calc. 0% ; fer 6% | **échanges :** 2 1/2 viandes maigres | **CHOIX DE GLUCIDES :** 0

# Porc avec sauce riche aux légumes

Glucides **12 g**
Glucides nets **10 g**

préparation :
**50 minutes**

du début à la fin :
**50 minutes**

455 g (1 lb) de filet de porc

2 ml (1/2 c. à thé) de sel aux épices

15 ml (1 c. à soupe) de beurre ou de margarine

2 carottes de grosseur moyenne, tranchées, soit 250 ml (1 tasse)

1 oignon de grosseur moyenne, haché, soit 125 ml (1/2 tasse)

1 branche de céleri de grosseur moyenne, tranchée, soit 125 ml (1/2 tasse)

250 ml (1 tasse) de champignons frais, tranchés, soit 85 g (3 oz)

1 boîte de 398 ml (14 oz) de bouillon de bœuf

30 ml (2 c. à soupe) de farine tout usage

15 ml (1 c. à soupe) de ketchup

30 ml (2 c. à soupe) de xérès sec, si désiré

1 ml (1/4 c. à thé) de thym séché

1 Vaporiser un enduit antiadhésif dans une poêle de 30,5 cm (12 po) ; chauffer sur feu moyen-vif. Couper le porc en tranches de 5 mm (1/4 po). Saupoudrer de sel aux épices. Rôtir le porc dans la poêle pendant 4 à 6 minutes, en retournant une fois. Retirer le porc de la poêle.

2 Dans la poêle, ajouter le beurre, les carottes, l'oignon et le céleri. Cuire de 4 à 5 minutes, en remuant de temps à autre, pour attendrir légèrement les légumes. Incorporer les champignons. Cuire pendant 2 minutes.

3 Dans un petit bol, mélanger le bouillon et la farine jusqu'à consistance lisse. Incorporer le bouillon, le ketchup, le xérès et le thym aux légumes dans la poêle. Cuire à découvert pendant environ 10 minutes, en remuant de temps à autre, jusqu'à ce que les légumes soient tendres.

4 Ajouter le porc. Cuire pendant 4 à 5 minutes ou jusqu'à ce que le porc ne soit plus rose au centre.

**1 portion :** 220 cal (70 cal provenant des lipides) ; lipides 8 g (saturés 3 g) ; chol. 80 mg ; sodium 740 mg ; glucides nets 10 g ; quantité tot. de gluc. 12 g (fibres 2 g) ; prot. 28 g | **% de l'apport quotidien :** vit. A 120% ; vit. C 6% ; calc. 4% ; fer 10% | **échanges :** 1/2 autre aliment, 4 viandes maigres | **CHOIX DE GLUCIDES :** 1/2

4 portions

# Tranches de porc caramélisées

455 g (1 lb) de filet de porc

2 gousses d'ail, finement hachées

30 ml (2 c. à soupe) de cassonade tassée

15 ml (1 c. à soupe) de jus d'orange

15 ml (1 c. à soupe) de mélasse

2 ml (1/2 c. à thé) de sel

1 ml (1/4 c. à thé) de poivre

Glucides **12 g**
Glucides nets **12 g**

préparation :
**20 minutes**

du début à la fin :
**20 minutes**

1  Couper le porc en tranches de 1,5 cm (1/2 po). Chauffer une poêle anti-adhésive de 25,5 cm (10 po) sur feu moyen-vif. Cuire le porc et l'ail dans la poêle pendant 6 à 8 minutes, en retournant de temps à autre, jusqu'à ce que le porc ne soit plus rose au centre. Égoutter si nécessaire.

2  Incorporer le reste des ingrédients. Cuire jusqu'à ce que le mélange épais-sisse et enrobe le porc.

**1 portion :** 190 cal (40 cal provenant des lipides); lipides 4,5 g (saturés 1,5 g); chol. 70 mg; sodium 350 mg; glucides nets 12 g; quantité tot. de gluc. 12 g (fibres 0 g); prot. 26 g | **% de l'apport quotidien :** vit. A 0%; vit. C 0%; calc. 2%; fer 10% | **échanges :** 1 autre aliment, 3 1/2 viandes très maigres, 1/2 gras |
**CHOIX DE GLUCIDES :** 1

# Filet de porc, style caraïbe

préparation :
**45 minutes**

du début à la fin :
**1 heure**

## info-glucides

Le melon ne contient que 6 à 8 g de glucides par 125 ml (1/2 tasse). Une autre astuce? Vous pouvez rendre la préparation de cette recette plus simple encore, en utilisant des fruits précoupés du département des fruits et légumes ou des mets préparés.

500 ml (2 tasses) de fruits frais assortis (cantaloup, melon miel Honeydew, raisins, papaye, mangue)

15 ml (1 c. à soupe) de coriandre fraîche, hachée

5 à 10 ml (1 à 2 c. à thé) de jus de lime

15 ml (1 c. à soupe) de cannelle moulue

20 ml (4 c. à thé) de muscade moulue

20 ml (4 c. à thé) de cumin moulu

20 ml (4 c. à thé) de sel d'ail

1 à 2 ml (1/4 à 1/2 c. à thé) de poivre de Cayenne moulu

570 g (1 1/4 lb) de filet de porc

1 Dans un petit bol de verre ou de plastique, mélanger les fruits, la coriandre et le jus de lime. Couvrir et réfrigérer jusqu'au service.

2 Dans un petit bol, mélanger le reste des ingrédients, à l'exception du porc. Mettre le porc dans un sac à glissière en plastique épais. Saupoudrer le porc avec le mélange d'épices; retourner le sac plusieurs fois pour bien enrober le porc. Refermer le sac; réfrigérer pendant 15 minutes.

3 Préchauffer le barbecue au charbon de bois ou au gaz pour une cuisson directe. Retirer le porc du sac. Couvrir le barbecue et griller le porc à feu moyen pendant 15 à 20 minutes, en retournant souvent, jusqu'à ce qu'il reste une vague coloration rosée au centre et qu'un thermomètre à viande inséré dans la partie la plus épaisse du porc indique 71 °C (160 °F). Servir avec le mélange de fruits.

**1 portion :** 260 cal (60 cal provenant des lipides); lipides 7 g (saturés 2,5 g); chol. 90 mg; sodium 1040 mg; glucides nets 13 g; quantité tot. de gluc. 15 g (fibres 2 g); prot. 33 g | **% de l'apport quotidien :** vit. A 25%; vit. C 20%; calc. 6%; fer 20% | **échanges :** 1 fruit, 4 1/2 viandes très maigres, 1 gras | **CHOIX DE GLUCIDES :** 1

**Filet de porc, style caraïbe**

# Filet de porc rôti à l'italienne

**5 ml (1 c. à thé) d'huile d'olive ou végétale**

**2 ml (1/2 c. à thé) de sel**

**2 ml (1/2 c. à thé) de graines de fenouil, broyées**

**1 ml (1/4 c. à thé) de poivre**

**1 gousse d'ail, finement hachée**

**2 filets de porc, d'environ 340 g (3/4 lb) chacun**

1 Préchauffer le four à 190 °C (375 °F). Vaporiser un enduit antiadhésif sur la grille d'une lèchefrite. Dans un petit bol, réduire tous les ingrédients en purée, à l'exception du porc. Frotter la pâte ainsi obtenue sur le porc.

2 Mettre le porc sur la grille dans la lèchefrite. Insérer la pointe d'un thermomètre à viande au centre de la partie la plus épaisse du porc. Enfourner à découvert pour environ 35 minutes, ou jusqu'à ce que le porc ait une vague coloration rosée au centre et que le thermomètre indique 71 °C (160 °F).

**1 portion :** 150 cal (45 cal provenant des lipides) ; lipides 5 g (saturés 1,5 g) ; chol. 70 mg ; sodium 250 mg ; glucides nets 0 g ; quantité tot. de gluc. 0 g (fibres 0 g) ; prot. 26 g | **% de l'apport quotidien :** vit. A 0% ; vit. C 0% ; calc. 0% ; fer 8% | **échanges :** 3 1/2 viandes très maigres, 1/2 gras | **CHOIX DE GLUCIDES :** 0

6 portions

# Côtelettes d'agneau à la moutarde

**6 côtelettes de gigot ou tranches d'épaule d'agneau, d'environ 2 cm (3/4 po) d'épaisseur, soit environ 1 kg (2 lb)**

**15 ml (1 c. à soupe) de feuilles de thym frais, hachées, ou 5 ml (1 c. à thé) de thym séché**

**30 ml (2 c. à soupe) de moutarde de Dijon**

**1 ml (1/4 c. à thé) de sel**

Glucides **0 g**
Glucides nets **0 g**

préparation :
**25 minutes**

du début à la fin :
**25 minutes**

1 Préchauffer le gril du four. Parer la viande. Mettre l'agneau sur une grille dans une lèchefrite. Dans un petit bol, mélanger le reste des ingrédients. Badigeonner uniformément la moitié de la sauce à la moutarde sur les côtelettes d'agneau.

2 Rôtir l'agneau à une distance de 7,5 à 10 cm (3 à 4 po) de l'élément pendant environ 4 minutes. Tourner l'agneau; badigeonner avec le reste de la sauce à la moutarde. Rôtir 5 à 7 minutes de plus pour une cuisson à point, soit 71 °C (160 °F).

**1 portion :** 120 cal (50 cal provenant des lipides) ; lipides 6 g (saturés 2 g) ; chol. 55 mg ; sodium 270 mg ; glucides nets 0 g ; quantité tot. de gluc. 0 g (fibres 0 g) ; prot. 17 g | **% de l'apport quotidien :** vit. A 0% ; vit. C 0% ; calc. 0% ; fer 8% | **échanges :** 2 1/2 viandes maigres | **CHOIX DE GLUCIDES :** 0

Glucides **10 g**
Glucides nets **10 g**

préparation :
**20 minutes**

du début à la fin :
**20 minutes**

4 portions

# Agneau avec sauce crémeuse à la menthe

150 ml (2/3 tasse) de yogourt nature sans gras

50 ml (1/4 tasse) de feuilles de menthe fraîche, bien tassées

30 ml (2 c. à soupe) de sucre

4 côtelettes de filet d'agneau, d'environ 2,5 cm (1 po) d'épaisseur, soit 455 g (1 lb)

1 Dans un mélangeur ou un robot, verser le yogourt, la menthe et le sucre. Couvrir et mélanger à vitesse moyenne, en arrêtant le mélangeur de temps à autre pour racler les côtés, jusqu'à ce que les feuilles de menthe soient finement hachées.

2 Préchauffer le gril du four. Vaporiser un enduit antiadhésif sur la grille d'une lèchefrite. Parer l'agneau. Mettre l'agneau sur la grille dans la lèchefrite. Griller la viande à une distance de 5 à 7,5 cm (2 à 3 po) de l'élément pendant 12 à 14 minutes, en retournant après 6 minutes, pour une cuisson à point, soit 71 °C (160 °F). Servir avec la sauce.

**1 portion :** 170 cal (50 cal provenant des lipides) ; lipides 6 g (saturés 2 g) ; chol. 60 mg ; sodium 75 mg ; glucides nets 10 g ; quantité tot. de gluc. 10 g (fibres 0 g) ; prot. 20 g | **% de l'apport quotidien :** vit. A 0% ; vit. C 0% ; calc. 10% ; fer 8% | **échanges :** 1/2 autre aliment, 1/2 lait écrémé, 2 viandes maigres | **CHOIX DE GLUCIDES :** 1/2

# 4 Poulet et dinde

◗ = **super express** prêt en 30 minutes ou moins

# Poulet en papillote à l'italienne

Glucides **8 g**
Glucides nets **7 g**

préparation :
**35 minutes**

du début à la fin :
**35 minutes**

**4 demi-poitrines de poulet, sans peau et sans os, soit environ 570 g (1 1/4 lb)**

**1 poivron jaune de grosseur moyenne, coupé en quartiers**

**4 tomates italiennes, coupées en 2**

**1 petit oignon rouge, coupé en 8 pointes**

**125 ml (1/2 tasse) de vinaigrette italienne à teneur réduite en matières grasses**

1 Préchauffer le barbecue au charbon de bois ou au gaz pour une cuisson directe. Couper 4 morceaux de papier aluminium résistant de 46 x 30,5 cm (18 x 12 po). Sur chaque feuille de papier d'aluminium, déposer 1 demi-poitrine de poulet, 1 quartier de poivron, 2 moitiés de tomate et 2 pointes d'oignon. Verser 30 ml (2 c. à soupe) de vinaigrette sur le poulet et les légumes dans chaque papillote.

2 Plier le papier par-dessus le poulet et les légumes de façon à ce que les extrémités se touchent. Refermer en faisant un pli hermétique de 1,5 cm (1/2 po), puis plier à nouveau. Laisser de l'espace entre les papillotes pour que la chaleur circule et pour permettre l'expansion.

3 Couvrir le barbecue et griller les papillotes à feu moyen pendant 18 à 22 minutes, en faisant tourner les papillotes d'un demi-tour après 10 minutes, jusqu'à ce que le jus du poulet ne soit plus rose lorsqu'on le coupe au centre des pièces les plus épaisses. Mettre les papillotes dans des assiettes. Tailler un grand « X » sur le dessus des papillotes, puis replier les bords du papier d'aluminium.

**1 portion :** 250 cal (90 cal provenant des lipides); lipides 10 g (saturés 2 g); chol. 85 mg; sodium 470 mg; glucides nets 7 g; quantité tot. de gluc. 8 g (fibres 1 g); prot. 32 g | **% de l'apport quotidien :** vit. A 10%; vit. C 60%; calc. 2%; fer 8% | **échanges :** 1 légume, 4 1/2 viandes très maigres, 1 1/2 gras | **CHOIX DE GLUCIDES :** 1/2

Poulet en papillote à l'italienne

**4 portions**

# Poulet au sésame et au gingembre

Glucides **2 g**
Glucides nets **2 g**

préparation :
**25 minutes**

du début à la fin :
**25 minutes**

30 ml (2 c. à soupe) de sauce teriyaki

15 ml (1 c. à soupe) de graines de sésame, rôties*

5 ml (1 c. à thé) de gingembre moulu

4 demi-poitrines de poulet, sans peau et sans os, soit environ 570 g (1 1/4 lb)

1 Badigeonner la grille du barbecue avec de l'huile végétale. Préchauffer le barbecue au charbon de bois ou au gaz pour une cuisson directe. Dans un petit bol, mélanger la sauce teriyaki, les graines de sésame et le gingembre.

2 Couvrir le barbecue et griller le poulet à feu moyen pendant 15 à 20 minutes, en badigeonnant souvent avec la sauce et en retournant après 10 minutes, jusqu'à ce que le jus ne soit plus rose lorsque l'on coupe au centre des pièces les plus épaisses. Jeter la sauce restante.

*\* Pour rôtir les graines de sésame, les colorer dans un poêle épaisse non graissée à feu moyen-doux pendant 5 à 7 minutes, en remuant souvent, jusqu'à ce qu'elles commencent à colorer, puis en remuant continuellement jusqu'à ce qu'elles soient dorées.*

**1 portion :** 190 cal (50 cal provenant des lipides); lipides 6 g (saturés 1,5 g); chol. 85 mg; sodium 420 mg; glucides nets 2 g; quantité tot. de gluc. 2 g (fibres 0 g); prot. 32 g | **% de l'apport quotidien :** vit. A 0%; vit. C 0%; calc. 2%; fer 8% | **échanges :** 4 viandes très maigres, 1 gras | **CHOIX DE GLUCIDES :** 0

**Poulet au sésame et au gingembre**

préparation :
**35 minutes**

du début à la fin :
**35 minutes**

# info-glucides

Servez ce plat avec un panaché de ver-dures et de fraises tranchées, et un grand verre de thé glacé, pour accen-tuer la note de fraî-cheur qui s'en dégage.

# Poitrines de poulet au citron et au thym

15 ml (1 c. à soupe) de zeste de citron fraîchement râpé

20 ml (4 c. à thé) de feuilles de thym frais, hachées, ou 7 ml (1 1/2 c. à thé) de thym séché

10 ml (2 c. à thé) de sel d'ail

2 ml (1/2 c. à thé) de poivre

4 demi-poitrines de poulet, sans peau et sans os, soit environ 570 g (1 1/4 lb)

1 Si un barbecue au charbon de bois est utilisé, mettre un plat ramasse-gouttes directement sous la surface où la viande sera grillée et disposer les charbons de bois sur les rebords du bassin de métal. Vaporiser un enduit antiadhésif sur la grille du barbecue. Préchauffer le barbecue au charbon de bois ou au gaz pour une cuisson indirecte.

2 Dans un petit bol, mélanger tous les ingrédients, sauf le poulet. Répandre le mélange sur le poulet.

3 Couvrir le barbecue, et griller le poulet au-dessus du plat ou du côté du barbecue au gaz qui n'est pas allumé, pendant 15 à 20 minutes, en retournant une fois, jusqu'à ce que le poulet ne soit plus rose lorsque le centre des pièces les plus épaisses est coupé. Garnir avec plus de thym frais, si désiré.

**1 portion :** 170 cal (40 cal provenant des lipides); lipides 4,5 g (saturés 1,5 g); chol. 85 mg; sodium 560 mg; glucides nets 1 g; quantité tot. de gluc. 1 g (fibres 0 g); prot. 31 g | **% de l'apport quotidien :** vit. A 0%; vit. C 4%; calc. 2%; fer 8% | **échanges :** 4 1/2 viandes très maigres, 1/2 gras | **CHOIX DE GLUCIDES :** 0

Poitrines de poulet au citron et au thym

## Glucides **10 g**
## Glucides nets **10 g**

préparation :
**35 minutes**

du début à la fin :
**2 heures
35 minutes**

# Poulet grillé aux agrumes

125 ml (1/2 tasse) de jus d'orange concentré congelé (décongelé)

30 ml (2 c. à soupe) d'huile d'olive ou végétale

50 ml (1/4 tasse) de jus de citron

30 ml (2 c. à soupe) de zeste d'orange râpé

2 ml (1/2 c. à thé) de sel

1 gousse d'ail, finement hachée

6 demi-poitrines de poulet, sans peau et sans os, soit environ 800 g (1 3/4 lb)

1 Dans un plat de verre ou de plastique peu profond, ou un sac de plastique à glissière, mélanger tous les ingrédients sauf le poulet. Ajouter le poulet en le retournant pour bien l'enrober. Couvrir le plat ou refermer le sac de plastique, et réfrigérer au moins 2 heures, mais pas plus de 24 heures, en retournant le poulet de temps à autre.

2 Préchauffer le barbecue au charbon de bois ou au gaz pour une cuisson directe. Retirer le poulet de la marinade ; réserver la marinade. Couvrir le barbecue et griller le poulet à feu moyen pendant 15 à 20 minutes, en le retournant et le badigeonnant avec la marinade de temps à autre, jusqu'à ce que le jus du poulet ne soit plus rose lorsque le centre des pièces les plus épaisses est coupé.

3 Porter le reste de la marinade à ébullition dans une casserole de 1 l (4 tasses) ; faire bouillir pendant 1 minute en remuant. Servir avec le poulet.

**1 portion :** 240 cal (80 cal provenant des lipides) ; lipides 9 g (saturés 2 g) ; chol. 80 mg ; sodium 270 mg ; glucides nets 10 g ; quantité tot. de gluc. 10 g (fibres 0 g) ; prot. 30 g | **% de l'apport quotidien :** vit. A 2 % ; vit. C 30 % ; calc. 2 % ; fer 6 % | **échanges :** 1/2 autre aliment, 4 viandes très maigres, 1 1/2 gras | **CHOIX DE GLUCIDES :** 1/2

Poulet grillé aux agrumes

# Kebabs de poulet, style caraïbe

800 g (1 3/4 lb) de demi-poitrines de poulet, sans peau et sans os

50 ml (1/4 tasse) d'huile végétale

45 ml (3 c. à soupe) d'assaisonnement Jerk (séché)

1 petit ananas, l'écorce enlevée, la pulpe coupée en cubes de 2,5 cm (1 po)

1 poivron rouge de grosseur moyenne, coupé en morceaux de 2,5 cm (1 po)

1 petit oignon rouge, coupé en morceaux de 2,5 cm (1 po)

1 Frotter la grille du barbecue avec de l'huile végétale. Préchauffer le barbecue au charbon de bois ou au gaz pour une cuisson directe. Parer le poulet, puis le couper en morceaux de 4 cm (1 1/2 po).

2 Badigeonner le poulet avec 30 ml (2 c. à soupe) d'huile. Dans un sac de plastique à glissière, mettre le poulet et l'assaisonnement Jerk ; refermer le sac. Secouer le sac pour enrober le poulet d'épices. Sur 8 brochettes de métal de 30,5 cm (12 po), enfiler en alternance le poulet, l'ananas, le poivron et l'oignon, en laissant 5 mm (1/4 po) d'espace entre les morceaux. Badigeonner les kebabs avec les derniers 30 ml (2 c. à soupe) d'huile.

3 Couvrir le barbecue et griller les kebabs à feu moyen pendant 15 à 20 minutes, en retournant une fois, jusqu'à ce que le poulet ne soit plus rose au centre.

**1 portion :** 210 cal (90 cal provenant des lipides) ; lipides 10 g (saturés 2 g) ; chol. 60 mg ; sodium 370 mg ; glucides nets 8 g ; quantité tot. de gluc. 9 g (fibres 1 g) ; prot. 22 g | **% de l'apport quotidien :** vit. A 20% ; vit. C 30% ; calc. 0% ; fer 6% | **échanges :** 1/2 fruit, 3 viandes très maigres, 1 1/2 gras | **CHOIX DE GLUCIDES :** 1/2

**Kebabs de poulet, style caraïbe**

# Kebabs de poulet teriyaki

Glucides **15 g**
Glucides nets **13 g**

préparation :
**30 minutes**

du début à la fin :
**50 minutes**

455 g (1 lb) de demi-poitrines de poulet, sans peau et sans os

30 ml (2 c. à soupe) de sauce teriyaki

2 ml (1/2 c. à thé) de sucre

7 ml (1 1/2 c. à thé) d'huile d'olive ou végétale

1 ml (1/4 c. à thé) de gingembre moulu

1 petite gousse d'ail, finement hachée

1 boîte de 225 ml (8 oz) de morceaux d'ananas, égouttés

1 poivron vert de grosseur moyenne, coupé en morceaux de 4 cm (1 1/2 po)

2 petits oignons, coupés en quartiers

1 Parer le poulet. Couper le poulet en morceaux de 2,5 cm (1 po). Dans un plat de verre ou de plastique, ou dans un sac de plastique à glissière, mélanger le poulet, la sauce teriyaki, le sucre, l'huile, le gingembre et l'ail. Couvrir le plat ou refermer le sac, et réfrigérer pendant 20 minutes.

2 Préchauffer le barbecue au charbon de bois ou au gaz pour une cuisson directe. Retirer le poulet de la marinade ; réserver la marinade. Sur quatre brochettes de 38 cm (15 po), enfiler en alternance 4 ou 5 morceaux de poulet, ananas, poivron et oignon, en laissant 5 mm (1/4 po) d'espace entre les morceaux.

3 Couvrir le barbecue et griller les kebabs à feu moyen pendant 10 à 15 minutes, en retournant et en badigeonnant avec la marinade 2 ou 3 fois, jusqu'à ce que le poulet ne soit plus rose au centre. Jeter la marinade restante. Servir les kebabs avec davantage de sauce teriyaki, si désiré.

**1 portion :** 210 cal (50 cal provenant des lipides); lipides 6 g (saturés 1,5 g); chol. 70 mg; sodium 410 mg; glucides nets 13 g; quantité tot. de gluc. 15 g (fibres 2 g); prot. 26 g | **% de l'apport quotidien :** vit. A 4%; vit. C 30%; calc. 4%; fer 8% | **échanges :** 1 autre aliment, 3 1/2 viandes très maigres, 1 gras | **CHOIX DE GLUCIDES :** 1

4 portions

# Poulet poêlé

Glucides **0 g**
Glucides nets **0 g**

préparation :
**20 minutes**

du début à la fin :
**20 minutes**

4 demi-poitrines de poulet, sans peau et sans os, soit environ 570 g (1 1/4 lb)

15 ml (1 c. à soupe) de jus de lime

7 ml (1 1/2 c. à thé) d'assaisonnement pour poulet noirci ou d'assaisonnement Jerk

0,5 ml (1/8 c. à thé) de cumin moulu

10 ml (2 c. à thé) de beurre ou de margarine

50 ml (1/4 tasse) d'eau

Riz complet cuit et très chaud, si désiré

1 Parer le poulet. Dans un petit bol, mélanger 7 ml (1 1/2 c. à thé) de jus de lime, l'assaisonnement et le cumin. Frotter uniformément le mélange des deux côtés du poulet.

2 Chauffer une poêle antiadhésive de 25,5 cm (10 po) à feu moyen-vif. Faire fondre le beurre dans la poêle. Poêler le poulet dans le beurre pendant environ 8 minutes, en retournant une fois, jusqu'à ce que le poulet ne soit plus rose quand le centre des pièces les plus épaisses est coupé. Retirer le poulet de la poêle ; réserver au chaud.

3 Ajouter les derniers 7 ml (1 1/2 c. à thé) de jus de lime et l'eau aux sucs dans la poêle. Porter à ébullition. Faire réduire en remuant pendant environ 45 secondes ou jusqu'à ce qu'il ne reste que 30 ml (2 c. à soupe) de liquide. Verser la sauce sur le poulet. Servir avec du riz.

**1 portion :** 180 cal (60 cal provenant des lipides) ; lipides 6 g (saturés 2,5 g) ; chol. 90 mg ; sodium 200 mg ; glucides nets 0 g ; quantité tot. de gluc. 0 g (fibres 0 g) ; prot. 31 g | **% de l'apport quotidien :** vit. A 2% ; vit. C 0% ; calc. 0% ; fer 6% | **échanges :** 4 1/2 viandes très maigres, 1/2 gras | **CHOIX DE GLUCIDES :** 0

# Salade de poulet à l'italienne

75 ml (1/3 tasse) de vinaigre de framboise

30 ml (2 c. à soupe) de vinaigre balsamique

50 ml (1/4 tasse) d'eau

1 sachet de 21 g (0,7 oz) de mélange pour vinaigrette italienne

15 ml (1 c. à soupe) d'huile d'olive ou végétale

4 demi-poitrines de poulet, sans peau et sans os, soit environ 570 g (1 1/4 lb)

1,5 l (6 tasses) de lanières de verdures mélangées

2 tomates italiennes, hachées, soit 150 ml (2/3 tasse)

1 Dans un bol moyen, mélanger les vinaigres et l'eau. Incorporer le mélange pour vinaigrette. Incorporer l'huile. Diviser le mélange en deux.

2 Mettre le poulet, dans un plat de verre ou de plastique peu profond, ou dans un sac à glissière résistant. Verser la moitié de la vinaigrette sur le poulet ; remuer pour bien enrober le poulet. Couvrir le plat ou refermer le sac, et réfrigérer pendant 15 minutes. Couvrir et réfrigérer le reste de la vinaigrette.

3 Préchauffer le barbecue au charbon de bois ou au gaz pour une cuisson directe. Retirer le poulet de sa marinade ; réserver la marinade. Couvrir le barbecue et griller le poulet à feu moyen pendant 15 à 20 minutes, en le retournant et en le badigeonnant avec la marinade de temps à autre, jusqu'à ce que le jus du poulet ne soit plus rose lorsque le centre des pièces les plus épaisses est coupé. Jeter le reste de la marinade.

4 Faire des tranches de poulet. Servir le poulet sur les verdures avec le reste de la vinaigrette. Garnir de tomates.

**1 portion :** 230 cal (70 cal provenant des lipides) ; lipides 8 g (saturés 2 g) ; chol. 85 mg ; sodium 740 mg ; glucides nets 6 g ; quantité tot. de gluc. 8 g (fibres 2 g) ; prot. 33 g | **% de l'apport quotidien :** vit. A 60% ; vit. C 35% ; calc. 6% ; fer 15% | **échanges :** 1 1/2 légume, 4 1/2 viandes très maigres, 1 gras | **CHOIX DE GLUCIDES :** 1/2

**Salade de poulet à l'italienne**

Glucides **0 g**
Glucides nets **0 g**

préparation :
**30 minutes**

du début à la fin :
**30 minutes**

4 portions

# Poulet au basilic et au prosciutto

**15 ml (1 c. à soupe) d'huile végétale**

**4 demi-poitrines de poulet, sans peau et sans os, soit environ 570 g (1 1/4 lb)**

**20 ml (4 c. à thé) de moutarde de Dijon**

**4 tranches minces de prosciutto, ou de jambon cuit, soit 115 g (4 oz)**

**50 ml (1/4 tasse) de mozzarella partiellement écrémée, râpée, soit 30 g (1 oz)**

**4 feuilles de basilic frais**

**1** Faire chauffer l'huile dans une poêle de 25,5 cm (10 po) à feu moyen. Cuire le poulet dans l'huile pendant 6 minutes. Tourner le poulet ; badigeonner de moutarde et garnir de prosciutto. Poursuivre la cuisson pendant 6 à 8 minutes ou jusqu'à ce que le jus s'écoulant du poulet ne soit plus rose lorsque le centre des pièces les plus épaisses est coupé.

**2** Répandre le fromage et le basilic sur le poulet. Cuire pendant environ 2 minutes ou jusqu'à ce que le fromage soit fondu.

**1 portion :** 270 cal (110 cal provenant des lipides) ; lipides 12 g (saturés 3,5 g) ; chol. 105 mg ; sodium 660 mg ; glucides nets 0 g ; quantité tot. de gluc. 0 g (fibres 0 g) ; prot. 40 g | **% de l'apport quotidien :** vit. A 2 % ; vit. C 0 % ; calc. 8 % ; fer 8 % | **échanges :** 6 viandes très maigres, 1 1/2 gras | **CHOIX DE GLUCIDES :** 0

Poulet au basilic et au prosciutto

Glucides **15 g**
Glucides nets **12 g**

préparation :
**20 minutes**

du début à la fin :
**20 minutes**

4 portions

# Poulet à la salsa, facile à préparer

455 g (1 lb) de demi-poitrines de poulet, sans peau et sans os

30 ml (2 c. à soupe) de beurre ou de margarine

1 courgette de grosseur moyenne, tranchée, soit 500 ml (2 tasses)

250 ml (1 tasse) de champignons frais, tranchés

625 ml (2 1/2 tasses) de salsa ou de sauce *picante*

10 ml (2 c. à thé) de sucre

1 Parer le poulet. Couper le poulet en morceaux de 2,5 cm (1 po). Dans une poêle de 25,5 cm (10 po), faire fondre le beurre à feu moyen. Cuire le poulet dans le beurre pendant 4 minutes, en remuant de temps en temps.

2 Incorporer la courgette et les champignons. Cuire, en remuant de temps en temps, jusqu'à ce que le poulet ne soit plus rose au centre et que les légumes soient tendres.

3 Incorporer la salsa et le sucre. Cuire pendant environ 5 minutes, en remuant de temps en temps, jusqu'à ce que le contenu soit très chaud.

**1 portion :** 250 cal (90 cal provenant des lipides) ; lipides 10 g (saturés 4 g) ; chol. 85 mg ; sodium 810 mg ; glucides nets 12 g ; quantité tot. de gluc. 15 g (fibres 3 g) ; prot. 28 g | **% de l'apport quotidien :** vit. A 35% ; vit. C 25% ; calc. 8% ; fer 15% | **échanges :** 1/2 autre aliment, 1 légume, 4 viandes très maigres, 1 1/2 gras | **CHOIX DE GLUCIDES :** 10

6 portions

# Poulet aux herbes et aux champignons sauvages

15 ml (1 c. à soupe) d'huile d'olive ou végétale

6 demi-poitrines de poulet, sans peau et sans os, soit environ 800 g (1 3/4 lb)

340 g (3/4 lb) de champignons sauvages assortis (pleurotes, shiitakes, chanterelles), grossièrement hachés, soit 1,2 l (5 tasses)

1 poireau de grosseur moyenne, tranché, soit 500 ml (2 tasses)

3 gousses d'ail, finement hachées

1 boîte de 398 ml (14 oz) de bouillon de poulet

125 ml (1/2 tasse) de vin blanc sec ou de bouillon de poulet

30 ml (2 c. à soupe) de fécule de maïs

2 ml (1/2 c. à thé) de thym séché

1 Parer le poulet. Dans une poêle antiadhésive de 30,5 cm (12 po), chauffer l'huile sur feu moyen. Cuire le poulet dans l'huile pendant environ 12 minutes, en retournant une fois, jusqu'à ce que le jus ne soit plus rose lorsque le centre des pièces les plus épaisses est coupé. Retirer le poulet de la poêle ; réserver au chaud.

2 Dans la même poêle, faire revenir les champignons, le poireau et l'ail pendant 3 minutes, en remuant souvent, jusqu'à ce que le poireau soit tendre. Dans un bol moyen, mélanger le reste des ingrédients ; incorporer le mélange aux champignons. Porter à ébullition, en remuant de temps à autre. Faire bouillir, en remuant, jusqu'à ce que la sauce épaississe. Ajouter le poulet ; réchauffer à cœur.

Glucides **10 g**
Glucides nets **9 g**

préparation :
**30 minutes**

du début à la fin :
**30 minutes**

# info-glucides

Les champignons sauvages ont un goût plus riche et robuste que les champignons blancs ordinaires, et 115 g (4 oz) contiennent à peine 6 g de glucides.

**1 portion :** 230 cal (60 cal provenant des lipides) ; lipides 7 g (saturés 1,5 g) ; chol. 80 mg ; sodium 360 mg ; glucides nets 9 g ; quantité tot. de gluc. 10 g (fibres 1 g) ; prot. 33 g | **% de l'apport quotidien :** vit. A 10% ; vit. C 4% ; calc. 4% ; fer 15% | **échanges :** 1 légume, 4 1/2 viandes très maigres, 1 gras | **CHOIX DE GLUCIDES :** 1/2

préparation :
**20 minutes**

du début à la fin :
**30 minutes**

4 portions

# Poulet à la marocaine

**4 demi-poitrines de poulet, sans peau et sans os, soit environ 570 g (1 1/4 lb)**

**1 boîte de 412 ml (14,5 oz) de tomates à l'étuvée, assaisonnées à l'italienne**

**1 oignon de grosseur moyenne, coupé en 8 croissants, les lamelles séparées**

**3 gousses d'ail, finement hachées**

**125 ml (1/2 tasse) de vin blanc sec ou de bouillon de poulet**

**2 ml (1/2 c. à thé) de cumin moulu**

**2 ml (1/2 c. à thé) de gingembre moulu**

**2 ml (1/2 c. à thé) de piment rouge broyé**

**Couscous cuit très chaud, si désiré**

**Persil frais haché, si désiré**

**Olives noires grecques ou italiennes, dénoyautées et tranchées, si désiré**

1 Parer le poulet. Égoutter les tomates et réserver le liquide. Couper les tomates.

2 Dans une poêle antiadhésive de 30,5 cm (12 po), porter à ébullition le poulet, les tomates, le jus des tomates, l'oignon, l'ail, le vin, le cumin, le gingembre et le piment broyé ; réduire le feu. Couvrir et laisser mijoter pendant environ 10 minutes, ou jusqu'à ce que le jus du poulet ne soit plus rose lorsque le centre des pièces les plus épaisses est coupé. Retirer le poulet et réserver au chaud.

3 Porter la sauce à ébullition ; réduire le feu. Laisser mijoter à découvert pendant 2 minutes. Servir le poulet sur le couscous. Verser la sauce sur le poulet. Parsemer de persil et d'olives.

**1 portion :** 210 cal (45 cal provenant des lipides) ; lipides 5 g (saturés 1,5 g) ; chol. 85 mg ; sodium 360 mg ; glucides nets 9 g ; quantité tot. de gluc. 11 g (fibres 2 g) ; prot. 32 g | **% de l'apport quotidien :** vit. A 8% ; vit. C 10% ; calc. 6% ; fer 10% | **échanges :** 1/2 autre aliment, 1 légume, 4 viandes très maigres, 1/2 gras | **CHOIX DE GLUCIDES :** 1

# Poulet en sauce aux olives et au vin

Glucides **8 g**
Glucides nets **7 g**

préparation :
**25 minutes**

du début à la fin :
**35 minutes**

2 tranches de bacon, coupées en morceaux de 2,5 cm (1 po)

1 oignon de grosseur moyenne, haché, soit 125 ml (1/2 tasse)

2 gousses d'ail, finement hachées

15 ml (1 c. à soupe) de feuilles de romarin frais ou 5 ml (1 c. à thé) de romarin séché, émietté

4 demi-poitrines de poulet, sans peau et sans os, soit environ 570 g (1 1/4 lb)

75 ml (1/3 tasse) d'olives farcies au poivron

125 ml (1/2 tasse) de vin rouge sec ou de bouillon de poulet

175 ml (3/4 tasse) de croûtons assaisonnés

15 ml (1 c. à soupe) de persil frais, haché

1 Dans une poêle de 25,5 cm (10 po), cuire le bacon, l'oignon, l'ail et le romarin à feu moyen-vif pendant environ 8 minutes, en remuant de temps en temps, jusqu'à ce que le bacon soit croustillant. Retirer le bacon avec une cuillère à égoutter ; réserver.

2 Ajouter le poulet dans la poêle. Rôtir le poulet pendant environ 5 minutes, en retournant souvent. Ajouter les olives, le vin et le bacon. Couvrir et cuire environ 12 minutes, ou jusqu'à ce que le jus du poulet ne soit plus rose lorsque le centre des pièces les plus épaisses est coupé.

3 Présenter le poulet en sauce sur un plat de service. Parsemer de croûtons et de persil.

**1 portion :** 250 cal (90 cal provenant des lipides) ; lipides 10 g (saturés 2,5 g) ; chol. 90 mg ; sodium 430 mg ; glucides nets 7 g ; quantité tot. de gluc. 8 g (fibres 1 g) ; prot. 34 g | **% de l'apport quotidien :** vit. A 4% ; vit. C 2% ; calc. 4% ; fer 8% | **échanges :** 1/2 féculent, 4 1/2 viandes très maigres, 1 1/2 gras | **CHOIX DE GLUCIDES :** 1/2

4 portions

# Poulet au marsala

Glucides **8 g**
Glucides nets **8 g**

préparation :
**25 minutes**

du début à la fin :
**25 minutes**

4 demi-poitrines de poulet, sans peau et sans os, soit environ 570 g (1 1/4 lb)

50 ml (1/4 tasse) de farine tout usage

1 ml (1/4 c. à thé) de sel

1 ml (1/4 c. à thé) de poivre

15 ml (1 c. à soupe) d'huile d'olive ou végétale

2 gousses d'ail, finement hachées

50 ml (1/4 tasse) de persil frais, haché, ou 15 ml (1 c. à soupe) de flocons de persil

250 ml (1 tasse) de champignons frais, tranchés, soit 85 g (3 oz)

125 ml (1/2 tasse) de marsala ou de bouillon de poulet

1 Mettre chaque demi-poitrine, côté lisse en bas, entre deux feuilles de pellicule plastique ou de papier ciré, puis frapper délicatement avec le côté plat d'un attendrisseur à viande ou un rouleau à pâte, jusqu'à atteindre environ 5 mm (1/4 po) d'épaisseur. Dans un plat peu profond, mélanger la farine, le sel et le poivre. Fariner le poulet dans ce mélange; secouer pour éliminer l'excès de farine.

2 Dans une poêle antiadhésive de 25,5 cm (10 po), chauffer l'huile à feu moyen-vif. Cuire l'ail et le persil dans l'huile pendant 5 minutes, en remuant souvent.

3 Ajouter le poulet dans la poêle. Rôtir en retournant une fois. Ajouter les champignons et le marsala. Cuire de 8 à 10 minutes, en tournant le poulet une fois, jusqu'à ce que le poulet ne soit plus rose au centre.

**1 portion :** 230 cal (70 cal provenant des lipides); lipides 8 g (saturés 2 g); chol. 85 mg; sodium 230 mg; glucides nets 8 g; quantité tot. de gluc. 8 g (fibres 0 g); prot. 33 g | **% de l'apport quotidien :** vit. A 8 %; vit. C 4 %; calc. 2 %; fer 10 % | **échanges :** 1/2 féculent, 4 1/2 viandes très maigres, 1 gras | **CHOIX DE GLUCIDES :** 1/2

**Poulet au marsala**

**Glucides 15 g**
**Glucides nets 11 g**

préparation :
**30 minutes**

du début à la fin :
**30 minutes**

# info-glucides

Prenez votre succédané de sucre favori au lieu du sucre ordinaire dans cette recette ; cela vous permettra de réduire la quantité de glucides. Un sachet d'édulcorant NutraSweet® équivaut à 5 ml (1 c. à thé) de sucre, tandis qu'un sachet d'édulcorant sans calories SPLENDA® équivaut à 10 ml (2 c. à thé) de sucre.

4 portions

# Sauté de poulet et de légumes du jardin

**455 g (1 lb) de demi-poitrine de poulet, sans peau et sans os**

**2 gousses d'ail, finement hachées**

**10 ml (2 c. à thé) de gingembre finement râpé**

**1 oignon de grosseur moyenne, coupé en croissants minces**

**250 ml (1 tasse) de carottes miniatures, coupées en deux sur la longueur**

**250 ml (1 tasse) de bouillon de poulet sans gras**

**45 ml (3 c. à soupe) de sauce soja à teneur réduite en sodium**

**10 à 15 ml (2 à 3 c. à thé) de sucre**

**500 ml (2 tasses) de fleurettes de brocoli**

**250 ml (1 tasse) de champignons frais, tranchés, soit 85 g (3 oz)**

**125 ml (1/2 tasse) de poivron rouge haché**

**10 ml (2 c. à thé) de fécule de maïs**

**Riz complet cuit et très chaud, si désiré**

1 Parer le poulet, puis couper en morceaux de 2,5 cm (1 po). Chauffer une poêle antiadhésive de 30,5 cm (12 po) sur feu moyen-vif. Ajouter le poulet, l'ail et le gingembre frais ; faire sauter en remuant pendant 2 à 3 minutes ou jusqu'à ce que le poulet soit doré.

2 Incorporer l'oignon, les carottes, 175 ml (3/4 tasse) de bouillon, la sauce soja et le sucre. Couvrir et cuire à feu moyen pendant 5 minutes, en remuant de temps à autre.

3 Incorporer le brocoli, les champignons et le poivron. Couvrir et cuire environ 5 minutes, en remuant de temps à autre, jusqu'à ce que le poulet ne soit plus rose au centre et que les légumes soient légèrement tendres.

4 Dans un petit bol, mélanger la fécule de maïs et les derniers 50 ml (1/4 tasse) de bouillon ; incorporer dans la préparation au poulet. Cuire pour faire épaissir la sauce, en remuant souvent. Servir sur le riz.

**1 portion :** 200 cal (35 cal provenant des lipides); lipides 4 g (saturés 1 g); chol. 70 mg; sodium 610 mg; glucides nets 11 g; quantité tot. de gluc. 15 g (fibres 4 g); prot. 28 g | **% de l'apport quotidien :** vit. A 150%; vit. C 70%; calc. 6%; fer 10% | **échanges :** 1/2 féculent, 1 légume, 3 1/2 viandes très maigres, 1/2 gras | **CHOIX DE GLUCIDES :** 1

6 portions

# Poulet balsamique

Glucides **1 g**
Glucides nets **1 g**

12 hauts de cuisse de poulet, sans peau et sans os, soit environ 680 g (1 1/2 lb)

125 ml (1/2 tasse) de vin blanc ou de jus de pomme

125 ml (1/2 tasse) de bouillon de poulet

30 ml (2 c. à soupe) de jus de citron

30 ml (2 c. à soupe) de vinaigre balsamique ou de vinaigre de vin rouge

15 ml (1 c. à soupe) de feuilles de thym frais, hachées, ou 2 ml (1/2 c. à thé) de thym séché

10 ml (2 c. à thé) de zeste de citron râpé

5 ml (1 c. à thé) de paprika

2 ml (1/2 c. à thé) de sel

1 ml (1/4 c. à thé) de poivre

préparation :
**30 minutes**

du début à la fin :
**2 heures
50 minutes**

1 Parer le poulet. Dans un plat de verre ou de plastique peu profond, mélanger le reste des ingrédients. Ajouter le poulet, en le tournant pour bien l'enrober. Couvrir et réfrigérer au moins 2 heures, mais pas plus de 24 heures.

2 Dans une poêle antiadhésive de 30,5 cm (12 po), mettre le poulet et la marinade. Porter à ébullition ; réduire le feu. Couvrir et laisser mijoter de 15 à 20 minutes, ou jusqu'à ce que le jus du poulet ne soit plus rose lorsque le centre des pièces les plus épaisses est coupé. Retirer le poulet ; réserver au chaud.

3 Porter la marinade à ébullition. Faire bouillir pendant 6 minutes ou jusqu'à ce que le liquide ait réduit de moitié. Verser sur le poulet.

**1 portion :** 190 cal (80 cal provenant des lipides) ; lipides 9 g (saturés 3 g) ; chol. 70 mg ; sodium 350 mg ; glucides nets 1 g ; quantité tot. de gluc. 1 g (fibres 0 g) ; prot. 24 g | **% de l'apport quotidien :** vit. A 6% ; vit. C 2% ; calc. 4% ; fer 15% | **échanges :** 3 1/2 viandes maigres | **CHOIX DE GLUCIDES :** 0

préparation :
**30 minutes**

du début à la fin :
**30 minutes**

4 portions

# Salade de poulet, fraises et épinards

**45 ml (3 c. à soupe) de jus de pomme**

**30 ml (2 c. à soupe) de confiture de fraises**

**30 ml (2 c. à soupe) de vinaigre balsamique**

**455 g (1 lb) de demi-poitrine de poulet, sans peau et sans os**

**2 l (8 tasses) d'épinards en morceaux de la taille d'une bouchée**

**250 ml (1 tasse) de fraises, équeutées et coupées en deux**

**50 ml (1/4 tasse) de gorgonzola émietté, soit 30 g (1 oz)**

**30 ml (2 c. à soupe) de noix de Grenoble hachées menu**

1 Dans un petit bol, mélanger le jus de pomme, la confiture et le vinaigre balsamique jusqu'à consistance homogène.

2 Vaporiser un enduit antiadhésif dans une poêle de 20,5 à 25,5 cm (8 à 10 po) ; préchauffer à feu moyen-vif. Cuire le poulet dans la poêle pendant 15 à 20 minutes, en retournant une fois, jusqu'à ce que le jus du poulet ne soit plus rose lorsque le centre des pièces les plus épaisses est coupé. Mettre le poulet sur une planche à découper. Verser la vinaigrette aux fraises dans la poêle, en raclant pour détacher les particules du fond.

3 Couper le poulet en tranches. Disposer les épinards dans des assiettes individuelles. Garnir avec le poulet, les moitiés de fraise et le fromage. Arroser avec la vinaigrette aux fraises. Parsemer de noix de Grenoble.

**1 portion :** 240 cal (80 cal provenant des lipides) ; lipides 8 g (saturés 2,5 g) ; chol. 75 mg ; sodium 210 mg ; glucides nets 11 g ; quantité tot. de gluc. 14 g (fibres 3 g) ; prot. 29 g | **% de l'apport quotidien :** vit. A 110% ; vit. C 60% ; calc. 10% ; fer 15% | **échanges :** 1/2 féculent, 1/2 autre aliment, 4 viandes très maigres, 1 gras | **CHOIX DE GLUCIDES :** 1

Salade de poulet, fraises et épinards

# Poulet en sauce relevée

préparation :
**40 minutes**

du début à la fin :
**1 heure
10 minutes**

## info-glucides

Cette recette savoureuse est aussi nommée *pollo ubriaco* (« poulet aviné »), parce qu'on y ajoute parfois 500 ml (2 tasses) de vin (la moitié en blanc, l'autre en rouge). C'est deux fois plus que nous en utilisons ici. Dans cette recette, le vinaigre apporte le contraste de saveur qu'offrirait le vin rouge, et les raisins de Corinthe donnent une touche sucrée à l'arrière-fond pimenté. Vous pourriez la servir avec des spaghettis de blé entier.

15 ml (1 c. à soupe) d'huile d'olive ou végétale

4 oignons verts de grosseur moyenne, tranchés, soit 50 ml (1/4 tasse)

30 ml (2 c. à soupe) de feuilles de romarin frais, hachées

30 ml (2 c. à soupe) de persil frais, haché

10 ml (2 c. à thé) de feuilles de thym frais, hachées

2 gousses d'ail, finement hachées

1 jalapeno rouge, épépiné, finement haché

6 hauts de cuisse de poulet, sans peau et sans os, ou 4 demi-poitrines de poulet, sans peau et sans os, soit environ 570 g (1 1/4 lb)

250 ml (1 tasse) de shiitakes ou de champignons blancs ordinaires, tranchés, soit 85 g (3 oz)

250 ml (1 tasse) de vin blanc sec ou de bouillon de poulet

15 ml (1 c. à soupe) de vinaigre balsamique

15 ml (1 c. à soupe) de raisins de Corinthe

2 ml (1/2 c. à thé) de sel

1 Dans une poêle antiadhésive de 30,5 cm (12 po), chauffer l'huile à feu moyen. Faire revenir les oignons verts, le romarin, le persil, le thym, l'ail et le jalapeno dans l'huile pendant 5 minutes, en remuant souvent.

2 Ajouter le poulet dans la poêle. Rôtir le poulet pendant 15 minutes, en tournant de temps à autre. Ajouter les champignons, 125 ml (1/2 tasse) de vin et le vinaigre. Porter à ébullition ; réduire le feu. Laisser mijoter à découvert pendant environ 5 minutes ou jusqu'à ce que la moitié du liquide se soit évaporée.

3 Verser les derniers 125 ml (1/2 tasse) de vin sur le poulet ; parsemer avec les raisins de Corinthe et le sel. Couvrir et laisser mijoter pendant environ 20 minutes, ou jusqu'à ce que le jus du poulet ne soit plus rose lorsque le centre des pièces les plus épaisses est coupé. Découvrir et poursuivre la cuisson pendant 5 minutes pour faire griller le poulet.

**Poulet en sauce relevée**

# Poulet croustillant aux fines herbes, cuit au four

préparation :
**15 minutes**

du début à la fin :
**50 minutes**

## info-glucides

Servez ce plat avec des asperges fraîches parsemées de poivron rouge rôti haché, provenant d'un pot de 200 ml (7 oz), et d'un peu de zeste de citron.

6 demi-poitrine de poulet, sans peau et sans os, soit environ 800 g (1 3/4 lb)

125 ml (1/2 tasse) de mayonnaise sans gras ou de sauce à salade

5 ml (1 c. à thé) de sel d'ail

15 ml (1 c. à soupe) de feuilles de marjolaine fraîche, hachées, ou 5 ml (1 c. à thé) de marjolaine séchée

10 ml (2 c. à thé) de feuilles de romarin frais, hachées, ou 2 ml (1/2 c. à thé) de romarin séché

10 ml (2 c. à thé) de feuilles de thym frais, hachées, ou 2 ml (1/2 c. à thé) de thym séché

250 ml (1 tasse) de flocons de maïs, émiettés, soit 125 ml (1/2 tasse)

2 ml (1/2 c. à thé) de paprika

1 Préchauffer le four à 190 °C (375 °F). Vaporiser un enduit antiadhésif dans un plat de cuisson de 33 x 23 cm (13 x 9 po). Parer le poulet.

2 Dans un petit bol, mélanger la mayonnaise, le sel d'ail, la marjolaine, le romarin et le thym. Dans un plat peu profond, mélanger les céréales et le paprika. Étaler une grosse cuillérée du mélange de mayonnaise des deux côtés de chacune des demi-poitrines ; puis couvrir uniformément avec le mélange de céréales. Mettre le poulet dans le plat de cuisson.

3 Enfourner à découvert pour 30 à 35 minutes ou jusqu'à ce que le jus du poulet ne soit plus rose lorsque le centre des pièces les plus épaisses est coupé.

**1 portion :** 190 cal (45 cal provenant des lipides) ; lipides 5 g (saturés 1,5 g) ; chol. 80 mg ; sodium 430 mg ; glucides nets 7 g ; quantité tot. de gluc. 7 g (fibres 0 g) ; prot. 29 g | **% de l'apport quotidien :** vit. A 6% ; vit. C 0% ; calc. 2% ; fer 15% | **échanges :** 1/2 autre aliment, 4 viandes très maigres, 1/2 gras | **CHOIX DE GLUCIDES :** 1/2

4 portions

# Poulet à l'origan, cuit au four

4 demi-poitrines de poulet, sans peau et sans os, soit environ 570 g (1 1/4 lb)

50 ml (1/4 tasse) de chapelure

30 ml (2 c. à soupe) de parmesan râpé

1 ml (1/4 c. à thé) d'origan séché

0,5 ml (1/8 c. à thé) de sel d'ail

0,5 ml (1/8 c. à thé) de poivre

50 ml (1/4 tasse) de moutarde de Dijon

1 Préchauffer le four à 220 °C (425 °F). Vaporiser un enduit antiadhésif dans un plat de cuisson carré de 23 cm (9 po). Parer le poulet

2 Dans un plat peu profond, mélanger la chapelure, le fromage, l'origan, le sel d'ail et le poivre. Étaler la moutarde sur tous les côtés du poulet. Enrober le poulet avec le mélange de chapelure. Mettre dans le plat de cuisson.

3 Enfourner à découvert pour environ 25 minutes ou jusqu'à ce que le jus du poulet ne soit plus rose lorsque le centre des pièces les plus épaisses est coupé.

Glucides **7 g**
Glucides nets **7 g**

préparation :
**10 minutes**

du début à la fin :
**35 minutes**

# info-glucides

Servez ce poulet parfumé au parmesan avec des haricots verts entiers frais, cuits et très chauds, mélangés avec des moitiés de tomates raisins, de l'huile d'olive et du sel d'ail au goût. Réchauffez jusqu'à ce que les tomates soient très chaudes.

**1 portion :** 220 cal (60 cal provenant des lipides) ; lipides 7 g (saturés 2 g) ; chol. 90 mg ; sodium 640 mg ; glucides nets 7 g ; quantité tot. de gluc. 7 g (fibres 0 g) ; prot. 34 g | **% de l'apport quotidien :** vit. A 0% ; vit. C 0% ; calc. 8% ; fer 10% | **échanges :** 1/2 féculent, 4 1/2 viandes très maigres, 1/2 gras | **CHOIX DE GLUCIDES :** 1/2

# Poulet croustillant à l'ail

Glucides **9 g**
Glucides nets **9 g**

préparation :
**15 minutes**

du début à la fin :
**40 minutes**

6 demi-poitrines de poulet, sans peau et sans os, soit environ 800 g (1 3/4 lb)

45 ml (3 c. à soupe) de beurre ou de margarine, fondus

15 ml (1 c. à soupe) de lait écrémé

15 ml (1 c. à soupe) de ciboulette ou de persil frais, hachés

2 ml (1/2 c. à thé) de sel

2 ml (1/2 c. à thé) de poudre d'ail

500 ml (2 tasses) de flocons de maïs, soit 250 ml (1 tasse) une fois émiettés

45 ml (3 c. à soupe) de persil frais, haché

2 ml (1/2 c. à thé) de paprika

Enduit antiadhésif

1 Préchauffer le four à 220 °C (425 °F). Vaporiser un enduit antiadhésif dans un plat de cuisson de 33 x 23 cm (13 x 9 po). Parer le poulet. Dans un petit bol, mélanger le beurre, le lait, la ciboulette, le sel et la poudre d'ail. Dans un plat peu profond, mélanger les flocons de maïs, le persil et le paprika.

2 Tremper le poulet dans le mélange de beurre, puis l'enrober légèrement et uniformément du mélange de céréales. Mettre dans le plat de cuisson. Vaporiser un enduit antiadhésif sur le poulet.

3 Enfourner à découvert pour 20 à 25 minutes ou jusqu'à ce que le jus du poulet ne soit plus rose lorsque le centre des pièces les plus épaisses est coupé.

**1 portion :** 240 cal (90 cal provenant des lipides); lipides 10 g (saturés 4 g); chol. 95 mg; sodium 380 mg; glucides nets 9 g; quantité tot. de gluc. 9 g (fibres 0 g); prot. 30 g | **% de l'apport quotidien :** vit. A 15%; vit. C 4%; calc. 2%; fer 20% | **échanges :** 1/2 féculent, 4 viandes très maigres, 1 1/2 gras | **CHOIX DE GLUCIDES :** 1/2

*6 portions*

# Croquettes de poulet frites au four

1 kg (2 lb) de demi-poitrine de poulet, sans peau et sans os

175 ml (3/4 tasse) de flocons de maïs

125 ml (1/2 tasse) de farine tout usage

4 ml (3/4 c. à thé) de sel

2 ml (1/2 c. à thé) de paprika

2 ml (1/2 c. à thé) de poivre

75 ml (1/3 tasse) de babeurre

Enduit antiadhésif

1 Préchauffer le four à 200 °C (400 °F). Chemiser un plat de cuisson de 38 x 25,5 x 2,5 cm (15 x 10 x 1 po) avec du papier d'aluminium. Parer le poulet. Couper le poulet en morceaux de 5 cm (2 po).

2 Dans un mélangeur, verser les céréales, la farine, le sel, le paprika et le poivre. Couvrir et mélanger à vitesse moyenne pour obtenir des miettes de céréales; verser dans un bol.

3 Dans un sac de plastique épais à glissière, mettre le poulet et le babeurre. Refermer le sac et laisser reposer 5 minutes, en retournant une fois. Enrober le poulet dans le mélange de céréales. Mettre dans le plat de cuisson. Vaporiser un enduit antiadhésif sur le poulet.

4 Enfourner à découvert pour environ 30 minutes, ou jusqu'à ce que le poulet soit croustillant et qu'il ne soit plus rose au centre.

Glucides **12 g**
Glucides nets **12 g**

préparation :
**20 minutes**

du début à la fin :
**50 minutes**

# info-
## glucides

Vous ne pourrez croire que ces délicieuses bouchées de poulet croustillantes ont été cuites dans une croûte légère aux céréales plutôt que dans une panure riche et graisseuse. Servez-les avec vos sauces préférées, mais n'oubliez pas que ces dernières peuvent ajouter des calories et des glucides.

**1 portion :** 230 cal (45 cal provenant des lipides); lipides 5 g (saturés 1,5 g); chol. 90 mg; sodium 410 mg; glucides nets 12 g; quantité tot. de gluc. 12 g (fibres 0 g); prot. 35 g | **% de l'apport quotidien :** vit. A 4%; vit. C 0%; calc. 4%; fer 15% | **échanges :** 1/2 féculent, 4 1/2 viandes très maigres, 1/2 gras | **CHOIX DE GLUCIDES :** 1

# Poulet à la thaïe avec relish au concombre et à l'oignon rouge

50 ml (1/4 tasse) d'eau

125 ml (1/2 tasse) de jus de lime

125 ml (1/2 tasse) sauce soja à teneur réduite en sodium

2 piments Serrano ou jalapenos, épépinés et finement hachés

30 ml (2 c. à soupe) de sucre

500 ml (2 tasses) de concombre pelé et haché

1 petit oignon rouge, coupé en deux sur la longueur, puis coupé en fines demi-lunes

6 demi-poitrines de poulet, sans peau et sans os, soit environ 800 g (1 3/4 lb)

1 Dans un mélangeur ou un robot, verser l'eau, 50 ml (1/4 tasse) de jus de lime, 50 ml (1/4 tasse) de sauce soja, les piments et le sucre. Couvrir et mélanger à vitesse maximale pendant environ 1 minute, ou jusqu'à consistance homogène. Dans un plat peu profond, mettre le concombre et l'oignon ; ajouter le mélange réduit. Couvrir et réfrigérer jusqu'au moment de servir.

2 Parer le poulet. Dans un plat de verre ou de plastique peu profond, ou dans un sac à glissière, mélanger les derniers 50 ml (1/4 tasse) de jus de lime et 50 ml (1/4 tasse) de sauce soja. Ajouter le poulet ; tourner pour bien l'enrober. Couvrir le plat ou refermer le sac, et réfrigérer pendant 15 minutes.

3 Préchauffer le gril du four. Vaporiser un enduit antiadhésif dans une lèchefrite. Retirer le poulet de la marinade ; réserver la marinade. Mettre le poulet sur une grille dans la lèchefrite. Badigeonner le poulet avec la marinade. Griller le poulet à une distance de 12,5 à 17,5 cm (5 à 7 po) de l'élément pendant 7 minutes. Tourner le poulet ; badigeonner avec la marinade. Poursuivre la cuisson pendant 7 minutes ou jusqu'à ce que le jus du poulet ne soit plus rose lorsque le centre des pièces les plus épaisses est coupé. Jeter le reste de la marinade. Servir le poulet avec la relish au concombre.

**1 portion :** 200 cal (40 cal provenant des lipides) ; lipides 4,5 g (saturés 1 g) ; chol. 80 mg ; sodium 790 mg ; glucides nets 10 g ; quantité tot. de gluc. 10 g (fibres 0 g) ; prot. 31 g | **% de l'apport quotidien :** vit. A 2% ; vit. C 8% ; calc. 2% ; fer 8% | **échanges :** 1/2 autre aliment, 1/2 légume, 4 viandes très maigres, 1/2 gras | **CHOIX DE GLUCIDES :** 1/2

Glucides **14 g**
Glucides nets **14 g**

préparation :
**35 minutes**

du début à la fin :
**35 minutes**

4 portions

# Poulet et riz festifs

300 ml (1 1/4 tasse) d'eau

1 boîte de 156 ml (5,5 oz) de jus de légumes épicé

1 paquet de 142 g (4,9 oz) de vermicelles et riz avec bouillon de poulet et brocoli*

375 ml (1 1/2 tasse) de cubes de poulet ou de dinde, cuits

250 ml (1 tasse) de poivrons et oignons à sauter congelés, provenant d'un sac de 455 g (1 lb), décongelés

1   Dans une casserole de 3 l, porter à ébullition l'eau, le jus de légumes, le mélange vermicelles et riz et leur sachet d'assaisonnement, en remuant de temps en temps ; réduire le feu.

2   Couvrir et laisser mijoter pendant 15 à 20 minutes, en remuant de temps à autre. Incorporer le poulet et les légumes à sauter ; réchauffer à cœur.

*N.D.T. : Ce produit n'est pas disponible au Canada. Il peut cependant être remplacé par la même quantité de nouilles instantanées. Le temps de cuisson devra être ajusté en conséquence.*

**1 portion :** 160 cal (35 cal provenant des lipides) ; lipides 4 g (saturés 1 g) ; chol. 45 mg ; sodium 290 mg ; glucides nets 14 g ; quantité tot. de gluc. 14 g (fibres 0 g) ; prot. 17 g | **% de l'apport quotidien :** vit. A 15% ; vit. C 20% ; calc. 2% ; fer 8% | **échanges :** 1 féculent, 2 viandes maigres | **CHOIX DE GLUCIDES :** 1

Glucides **8 g**
Glucides nets **6 g**

préparation :
**20 minutes**

du début à la fin :
**20 minutes**

6 portions

# Salade BLT au poulet Sud-Ouest

125 ml (1/2 tasse) de salsa avec gros morceaux

125 ml (1/2 tasse) de trempette à saveur de bacon, réfrigérée

15 ml (1 c. à soupe) de persil frais, haché

1 sac de 283 g (10 oz) de laitue romaine mélangée à d'autres feuilles de laitues

2 paquets de 175 g (6 oz) de lanières de poitrine de poulet cuites, façon Sud-Ouest, réfrigérées

4 tomates italiennes, grossièrement hachées

125 ml (1/2 tasse) de bacon cuit, haché

125 ml (1/2 tasse) de croûtons

1 Dans un petit bol, mélanger la salsa, la trempette et le persil.

2 Dans un grand bol, mélanger le reste des ingrédients. Ajouter le mélange de salsa ; remuer jusqu'à ce que les ingrédients soient bien enrobés.

**1 portion :** 190 cal (90 cal provenant des lipides) ; lipides 10 g (saturés 4 g) ; chol. 50 mg ; sodium 730 mg ; glucides nets 6 g ; quantité tot. de gluc. 8 g (fibres 2 g) ; prot. 16 g | **% de l'apport quotidien :** vit. A 40 % ; vit. C 25 % ; calc. 4 % ; fer 6 % | **échanges :** 1/2 féculent, 2 viandes très maigres, 2 gras | **CHOIX DE GLUCIDES :** 1/2

# Suprêmes de dinde et jardinière de poivrons

**455 g (1 lb) de suprêmes de poitrine de dinde**

**3 poivrons, rouge, jaune, orange ou vert, de grosseur moyenne, coupés en lanières de 5 mm (1/4 po)**

**150 ml (2/3 tasse) de bouillon de poulet**

**5 ml (1 c. à thé) de basilic séché**

**1 ml (1/4 c. à thé) de sel**

**1 ml (1/4 c. à thé) de poivre de Cayenne moulu**

**45 ml (3 c. à soupe) de vinaigre de vin blanc**

**15 ml (1 c. à soupe) de fécule de maïs**

1 Chauffer une poêle antiadhésive de 25,5 cm (10 po) à feu moyen. Rôtir la dinde dans la poêle pendant environ 5 minutes, en retournant une fois. Retirer la dinde de la poêle.

2 Ajouter les poivrons dans la poêle. Attendrir légèrement à feu moyen pendant environ 3 minutes, en remuant souvent. Incorporer le bouillon, le basilic, le sel et le poivre de Cayenne. Porter à ébullition ; réduire le feu. Remettre la dinde dans la poêle. Couvrir et laisser mijoter pendant environ 10 minutes, en remuant de temps en temps, ou jusqu'à ce que le jus de la dinde ne soit plus rose lorsque le centre des pièces les plus épaisses est coupé.

3 Retirer la dinde de la poêle ; réserver au chaud. Tasser les poivrons du centre de la poêle. Dans un petit bol, mélanger le vinaigre et la fécule de maïs ; incorporer à la sauce dans la poêle. Porter à ébullition, en remuant constamment. Faire bouillir en remuant pendant 1 minute. Enrober les poivrons dans la sauce. Couper la dinde en tranches fines. Servir la dinde avec la sauce.

**1 portion :** 160 cal (15 cal provenant des lipides) ; lipides 1,5 g (saturés 0 g) ; chol. 75 mg ; sodium 370 mg ; glucides nets 8 g ; quantité tot. de gluc. 9 g (fibres 1 g) ; prot. 28 g | **% de l'apport quotidien :** vit. A 40 % ; vit. C 110 % ; calc. 2 % ; fer 10 % | **échanges :** 1 légume, 3 1/2 viandes très maigres | **CHOIX DE GLUCIDES :** 1/2

**super express**

Glucides **9 g**
Glucides nets **8 g**

préparation :
**30 minutes**

du début à la fin :
**30 minutes**

Glucides **16 g**
Glucides nets **14 g**

préparation :
**25 minutes**

du début à la fin :
**25 minutes**

# info-
## glucides

Vous pouvez utiliser n'importe quelle sorte de chapelure blanche dans cette recette. Alors, pour-quoi ne pas essayer des miettes prove-nant d'un pain de grains entiers à teneur réduite en glucides?

*6 portions*

# Fricadelles de dinde avec relish au maïs et aux tomates, style californien

### Relish au maïs et aux tomates

**1 boîte de 312 ml (11 oz) de grains de maïs entiers avec piments rouges et verts, égouttés**

**2 branches de céleri de grosseur moyenne, tranchées, soit 250 ml (1 tasse)**

**12 tomates cerises, coupées en quatre**

**30 ml (2 c. à soupe) de jus de citron**

### Fricadelles de dinde

**680 g (1 1/2 lb) de poitrine de dinde hachée**

**1 oignon de grosseur moyenne, haché, soit 125 ml (1/2 tasse)**

**250 ml (1 tasse) de chapelure (environ 1 1/2 tranche de pain)**

**2 ml (1/2 c. à thé) de sel**

**1 ml (1/4 c. à thé) de poivre**

**75 ml (1/3 tasse) de bouillon de poulet**

1 Dans un bol moyen, mélanger tous les ingrédients de la relish ; réserver.

2 Dans un grand bol, mélanger le reste des ingrédients. Avec ce mélange, former 6 galettes, d'environ 1,5 cm (1/2 po) d'épaisseur chacune.

3 Préchauffer le gril du four. Vaporiser un enduit antiadhésif sur la grille d'une lèchefrite. Mettre les galettes sur la grille dans la lèchefrite. Griller à 10 cm (4 po) de l'élément pendant environ 12 minutes, en retournant une fois, jusqu'à ce qu'il n'y ait plus de coloration rosée au centre. Servir les fricadelles avec la relish.

**1 portion :** 190 cal (15 cal provenant des lipides); lipides 1,5 g (saturés 0 g); chol. 75 mg; sodium 360 mg; glucides nets 14 g; quantité tot. de gluc. 16 g (fibres 2 g); prot. 29 g | **% de l'apport quotidien :** vit. A 8%; vit. C 15%; calc. 4%; fer 10% | **échanges :** 1 féculent, 3 1/2 viandes très maigres | **CHOIX DE GLUCIDES :** 1

Fricadelles de dinde avec relish au maïs et aux tomates, style californien

Glucides **10 g**
Glucides nets **7 g**

préparation :
**15 minutes**

du début à la fin :
**30 minutes**

4 portions

# Dinde à la moutarde et au miel avec pois mange-tout

**455 g (1 lb) de tranches de dinde crue, d'environ 5 mm (1/4 po) d'épaisseur**

**125 ml (1/2 tasse) de marinade dijonnaise au miel**

**250 ml (1 tasse) de carottes miniatures, coupées en deux sur la longueur**

**500 ml (2 tasses) de pois mange-tout congelés, provenant d'un sac de 455 g (1 lb)**

1 Placer la dinde dans un plat de verre ou de plastique peu profond. Verser la marinade sur la dinde ; tourner les tranches pour les enrober uniformément de marinade. Couvrir le plat et laisser reposer pendant 10 minutes à température ambiante.

2 Vaporiser un enduit antiadhésif dans une poêle de 25,5 cm (10 po) ; chauffer sur feu moyen. Retirer la dinde de la marinade, puis égoutter le plus possible. Rôtir la dinde dans la poêle pendant environ 5 minutes, en retournant une fois.

3 Ajouter les carottes, en soulevant la dinde pour placer les carottes au fond de la poêle. Parsemer la dinde avec les pois mange-tout. Couvrir et cuire pendant environ 7 minutes ou jusqu'à ce que les carottes soient tendres et que la dinde ne soit plus rose au centre.

**1 portion :** 200 cal (50 cal provenant des lipides) ; lipides 6 g (saturés 1 g) ; chol. 75 mg ; sodium 210 mg ; glucides nets 7 g ; quantité tot. de gluc. 10 g (fibres 3 g) ; prot. 29 g | **% de l'apport quotidien :** vit. A 120% ; vit. C 30% ; calc. 6% ; fer 15% | **échanges :** 1 légume, 4 viandes très maigres, 1 gras | **CHOIX DE GLUCIDES :** 1/2

# 5 Poisson et fruits de mer

= **super express** prêt en 30 minutes ou moins

Glucides **6 g**
Glucides nets **6 g**

préparation :
**5 minutes**

du début à la fin :
**25 minutes,**

## info- glucides

Le zeste et le jus de citron apportent beaucoup de saveur et contiennent peu de glucides ; 15 ml (1 c. à soupe) de jus de citron ne contiennent que 1,5 g de glucides.

4 portions

# Bar au gremolata

50 ml (1/4 tasse) de chapelure assaisonnée à l'italienne

50 ml (1/4 tasse) de persil frais, haché

10 ml (2 c. à thé) de zeste de citron râpé

15 ml (1 c. à soupe) de beurre ou de margarine, fondus

455 g (1 lb) de filet de bar, de mahi-mahi ou d'un autre poisson à chair mi-ferme

1 ml (1/4 c. à thé) de sel aux épices

15 ml (1 c. à soupe) de jus de citron

1 Préchauffer le four à 220 °C (425 °F). Chemiser un plat de cuisson de 33 x 23 cm (13 x 9 po) de papier d'aluminium. Vaporiser un enduit anti-adhésif sur le papier d'aluminium. Dans un petit bol, mélanger la chapelure, le persil, le zeste de citron et le beurre pour former le gremolata.

2 Couper le poisson en 4 portions. Mettre le poisson dans le plat de cuisson. Saupoudrer de sel aux épices. Arroser de jus de citron. Répandre le gremolata sur chaque morceau ; presser légèrement le mélange.

3 Enfourner à découvert pour 15 à 20 minutes ou jusqu'à que la chair se détache facilement à la fourchette.

**1 portion :** 190 cal (80 cal provenant des lipides) ; lipides 9 g (saturés 3 g) ; chol. 70 mg ; sodium 220 mg ; glucides nets 6 g ; quantité tot. de gluc. 6 g (fibres 0 g) ; prot. 22 g | **% de l'apport quotidien :** vit. A 10% ; vit. C 8% ; calc. 4% ; fer 8% | **échanges :** 1/2 féculent, 3 viandes très maigres, 1 1/2 gras | **CHOIX DE GLUCIDES :** 1/2

**Bar au gremolata**

Glucides **2 g**
Glucides nets **2 g**

préparation :
**20 minutes**

du début à la fin :
**30 minutes**

4 portions

# Darnes de flétan au citron et à l'ail

50 ml (1/4 tasse) de jus de citron

15 ml (1 c. à soupe) d'huile d'olive ou végétale

1 ml (1/4 c. à thé) de sel

1 ml (1/4 c. à thé) de poivre

2 gousses d'ail, finement hachées

4 darnes de flétan ou de thon, d'environ 2,5 cm (1 po) d'épaisseur, soit environ 1 kg (2 lb)

50 ml (1/4 tasse) de persil frais, haché

15 ml (1 c. à soupe) de zeste de citron râpé

1 Frotter la grille du barbecue avec de l'huile végétale. Préchauffer le barbecue au charbon de bois ou au gaz pour une cuisson directe. Dans un plat de verre ou de plastique peu profond, ou un sac de plastique avec fermeture à glissière, mélanger le jus de citron, l'huile, le sel, le poivre et l'ail. Ajouter le poisson; retourner plusieurs fois pour bien enrober. Couvrir le plat ou refermer le sac, et réfrigérer pendant 10 minutes.

2 Retirer le poisson de la marinade; réserver la marinade. Couvrir le barbecue et cuire le poisson à feu moyen pendant 10 à 15 minutes, en tournant une fois et en badigeonnant avec la marinade, jusqu'à ce que la chair se détache facilement avec une fourchette. Jeter le reste de la marinade.

3 Saupoudrer le poisson avec le persil et le zeste de citron.

**1 portion :** 240 cal (60 cal provenant des lipides) ; lipides 6 g (saturés 1 g) ; chol. 120 mg ; sodium 340 mg ; glucides nets 2 g ; quantité tot. de gluc. 2 g (fibres 0 g) ; prot. 43 g | **% de l'apport quotidien :** vit. A 8 % ; vit. C 10 % ; calc. 4 % ; fer 6 % | **échanges :** 7 viandes très maigres | **CHOIX DE GLUCIDES :** 0

**Darnes de flétan au citron et à l'ail**

Glucides **7 g**
Glucides nets **7 g**

préparation :
**5 minutes**

du début à la fin :
**20 minutes**

4 portions

# Saumon grillé, glacé à l'orange et à la moutarde

455 g (1 lb) de filet de saumon, de 1,5 cm (1/2 po) d'épaisseur

30 ml (2 c. à soupe) de confiture d'oranges

10 ml (2 c. à thé) de graines de moutarde

1 ml (1/4 c. à thé) de sel

0,5 ml (1/8 c. à thé) de sauce au piment rouge

1 Préchauffer le gril du four. Vaporiser un enduit antiadhésif sur la grille d'une lèchefrite. Couper le saumon en travers en 4 morceaux. Poser le saumon, peau en bas, sur la grille dans la lèchefrite. Griller à 10 cm (4 po) de l'élément pendant 10 à 15 minutes ou jusqu'à ce que le poisson s'émiette facilement avec une fourchette.

2 Pendant ce temps, mélanger le reste des ingrédients dans un petit bol. Étaler sur le saumon durant les 5 dernières minutes de cuisson.

**1 portion :** 190 cal (60 cal provenant des lipides) ; lipides 7 g (saturés 2 g) ; chol. 75 mg ; sodium 220 mg ; glucides nets 7 g ; quantité tot. de gluc. 7 g (fibres 0 g) ; prot. 25 g | **% de l'apport quotidien :** vit. A 2% ; vit. C 2% ; calc. 2% ; fer 6% | **échanges :** 1/2 autre aliment, 3 1/2 viandes très maigres, 1 gras | **CHOIX DE GLUCIDES :** 1/2

préparation :
**20 minutes**

du début à la fin :
**20 minutes**

4 portions

# Thon poêlé à l'orange et à l'aneth

**4 darnes de thon, d'espadon ou d'un autre poisson à chair ferme, de 2 cm (3/4 po) d'épaisseur, soit 115 g (4 oz) chacune**

**2 ml (1/2 c. à thé) de sel aux épices poivré**

**1 petit oignon rouge, émincé, soit 125 ml (1/2 tasse)**

**175 ml (3/4 tasse) de jus d'orange**

**15 ml (1 c. à soupe) d'aneth frais, haché, ou 1 ml (1/4 c. à thé) d'aneth séché**

**15 ml (1 c. à soupe) de beurre ou de margarine**

**5 ml (1 c. à thé) de zeste d'orange râpé, si désiré**

1 Chauffer une poêle antiadhésive de 25,5 cm (10 po) à feu moyen-vif. Saupoudrer les deux côtés du poisson de sel aux épices poivré. Ajouter le poisson dans la poêle ; régler à feu moyen-doux. Couvrir et cuire de 6 à 8 minutes, en retournant une fois, jusqu'à ce que les bords du thon soient opaques et le centre légèrement translucide. (Si de l'espadon est utilisé, cuire jusqu'à ce que le poisson s'émiette facilement à la fourchette.) Retirer le poisson de la poêle ; réserver au chaud.

2 Ajouter l'oignon dans la poêle. Cuire à feu moyen-vif pendant 2 minutes, en remuant de temps à autre. Incorporer le jus d'orange ; cuire pendant 2 minutes. Incorporer l'aneth, le beurre et le zeste d'orange. Cuire de 1 à 2 minutes ou jusqu'à ce que le tout épaississe légèrement. Servir la sauce sur le poisson.

**1 portion :** 190 cal (80 cal provenant des lipides) ; lipides 9 g (saturés 3 g) ; chol. 75 mg ; sodium 250 mg ; glucides nets 7 g ; quantité tot. de gluc. 7 g (fibres 0 g) ; prot. 22 g | **% de l'apport quotidien :** vit. A 6 % ; vit. C 20 % ; calc. 2 % ; fer 4 % | **échanges :** 1/2 autre aliment, 3 viandes très maigres, 1 1/2 gras |
**CHOIX DE GLUCIDES :** 1/2

# Darnes de thon marinées et sauce au concombre

## info-glucides

Ah, ce merveilleux concombre! Frais, croquant et sans gras, il ne contient environ que 2 g de glucides par 125 ml (1/2 tasse) de tranches.

45 ml (3 c. à soupe) de jus de lime
50 ml (1/4 tasse) de coriandre fraîche, hachée
1 gousse d'ail, finement hachée
1 ml (1/4 c. à thé) de sel
455 g (1 lb) de darne de thon

125 ml (1/2 tasse) de concombre haché
50 ml (1/4 tasse) de yogourt nature
15 ml (1 c. à soupe) de mayonnaise ou de sauce à salade, sans gras

1 Dans une assiette à tarte en verre de 23 cm (9 po), mélanger le jus de lime, 30 ml (2 c. à soupe) de coriandre fraîche, l'ail et le sel. Couper la darne de thon en 4 portions. Ajouter le thon dans le mélange à la lime, en le retournant plusieurs fois pour bien l'enrober. Couvrir et réfrigérer pendant 1 heure, en retournant une fois.

2 Pendant ce temps, dans un petit bol, mélanger le concombre, le yogourt, la mayonnaise et les derniers 30 ml (2 c. à soupe) de coriandre fraîche ; couvrir et réfrigérer.

3 Préchauffer le gril du four. Vaporiser un enduit antiadhésif sur la grille d'une lèchefrite. Retirer le thon de la marinade ; jeter la marinade. Mettre le thon sur la grille de la lèchefrite. Rôtir à 10 cm (4 po) de l'élément pendant 7 à 10 minutes, en retournant une fois, jusqu'à ce que le thon s'émiette facilement à la fourchette. Servir avec la sauce au concombre.

**1 portion :** 160 cal (60 cal provenant des lipides) ; lipides 6 g (saturés 2 g) ; chol. 70 mg ; sodium 250 mg ; glucides nets 3 g ; quantité tot. de gluc. 3 g (fibres 0 g) ; prot. 23 g | **% de l'apport quotidien :** vit. A 4 % ; vit. C 4 % ; calc. 4 % ; fer 4 % | **échanges :** 3 1/2 viandes très maigres, 1 gras | **CHOIX DE GLUCIDES :** 0

4 portions

# Vivaneau avec salsa à la mangue

1 petite mangue, coupée en deux sur la longueur, le noyau enlevé, puis coupée en dés, soit environ 175 ml (3/4 tasse)

1 petite tomate, coupée en dés, soit 125 ml (1/2 tasse)

30 ml (2 c. à soupe) d'oignon rouge finement haché

125 ml (1/2 tasse) de coriandre fraîche, hachée

50 ml (1/4 tasse) de jus de lime

455 g (1 lb) de filet de vivaneau, d'hoplostète orange ou de doré jaune

Enduit antiadhésif

2 ml (1/2 c. à thé) de sel

Glucides **11 g**
Glucides nets **10 g**

préparation :
**20 minutes**

du début à la fin :
**50 minutes**

1 Dans un petit bol de verre ou de plastique, mélanger la mangue, la tomate, l'oignon, la coriandre et le jus de lime. Couvrir et laisser reposer 30 minutes.

2 Préchauffer le gril du four. Mettre le poisson sur une grille dans une lèchefrite. Vaporiser un enduit antiadhésif sur le poisson ; saupoudrer de sel. Griller à une distance de 10 à 15 cm (4 à 6 po) de l'élément pendant 5 à 8 minutes, ou jusqu'à ce que le poisson soit doré et s'émiette facilement à la fourchette. Servir avec la salsa à la mangue.

**1 portion :** 140 cal (15 cal provenant des lipides) ; lipides 1,5 g (saturés 0 g) ; chol. 60 mg ; sodium 390 mg ; glucides nets 10 g ; quantité tot. de gluc. 11 g (fibres 1 g) ; prot. 22 g | **% de l'apport quotidien :** vit. A 15 % ; vit. C 20 % ; calc. 2 % ; fer 4 % | **échanges :** 1/2 fruit, 3 viandes très maigres | **CHOIX DE GLUCIDES :** 1

**super express**

Glucides **7 g**
Glucides nets **7 g**

préparation :
**30 minutes**

du début à la fin :
**30 minutes**

## info-glucides

La garniture croquante aux légumes grillés de ce filet épicé à la manière du Sud en fait un plat idéal pour l'été. Pour un accompagnement croquant et rafraîchissant, omettez le riz et faites une salade de légumes-feuilles, de céleri, de concombres et de tomate fraîche tranchée.

4 portions

# Vivaneau grillé à la créole

**2 tomates de grosseur moyenne, coupées horizontalement en deux**

**1 oignon de grosseur moyenne, coupé en quartiers**

**1/2 poivron vert de grosseur moyenne, coupé en deux**

**4 oignons verts de grosseur moyenne, émincés, soit 50 ml (1/4 tasse)**

**22 ml (1 1/2 c. à soupe) de vinaigre de vin rouge**

**2 ml (1/2 c. à thé) de thym séché**

**2 ml (1/2 c. à thé) de sel**

**1 ml (1/4 c. à thé) de sauce au piment rouge**

**680 g (1 1/2 lb) de filet de vivaneau, de plie grise ou de flet, d'environ 1,5 cm (1/2 po) d'épaisseur**

**Enduit antiadhésif**

**30 ml (2 c. à soupe) de persil frais, haché**

**Riz complet cuit et très chaud, si désiré**

1 Préchauffer le barbecue au charbon de bois ou au gaz pour une cuisson directe. Vaporiser l'enduit antiadhésif sur un grand morceau de papier d'aluminium résistant. Mettre les tomates, l'oignon et le poivron sur le papier d'aluminium. Replier hermétiquement le papier sur les légumes. Couvrir le barbecue et cuire la papillote de légumes, la fermeture sur le dessus, à feu moyen pendant 6 minutes, en tournant une fois.

2 Pendant ce temps, dans un grand bol, mélanger les oignons verts, le vinaigre, le thym, le sel et la sauce au piment; réserver.

3 Vaporiser l'enduit antiadhésif sur le poisson et un panier de cuisson à charnière pour le barbecue. Mettre le poisson dans le panier. Couvrir le barbecue et cuire le poisson pendant 7 à 8 minutes, en retournant une fois, jusqu'à ce que le poisson s'émiette facilement à la fourchette.

4 Mettre le poisson dans un plat de service; réserver au chaud. Hacher grossièrement les légumes grillés. Mélanger les légumes avec le persil et le mélange d'oignons verts; répandre sur le poisson. Servir avec le riz

**1 portion :** 180 cal (20 cal provenant des lipides); lipides 2,5 g (saturés 0,5 g); chol. 90 mg; sodium 440 mg; glucides nets 7 g; quantité tot. de gluc. 7 g (fibres 2 g); prot. 33 g | **% de l'apport quotidien :** vit. A 15%; vit. C 25%; calc. 4%; fer 6% | **échanges :** 1 légume, 4 1/2 viandes très maigres | **CHOIX DE GLUCIDES :** 1/2

4 portions

# Barbotte en croûte à la semoule de maïs

Glucides **16 g**
Glucides nets **16 g**

préparation :
**10 minutes**

du début à la fin :
**25 minutes**

50 ml (1/4 tasse) de semoule de maïs jaune

50 ml (1/4 tasse) de chapelure

5 ml (1 c. à thé) d'assaisonnement au chili

2 ml (1/2 c. à thé) de paprika

2 ml (1/2 c. à thé) de sel d'ail

1 ml (1/4 c. à thé) de poivre

455 g (1 lb) de filet de barbotte, d'environ 2 cm (3/4 po) d'épaisseur

50 ml (1/4 tasse) de sauce pour salade ranch, sans gras

Persil frais haché, si désiré

1 Préchauffer le four à 230 °C (450 °F). Vaporiser un enduit antiadhésif sur la grille d'une lèchefrite. Dans un plat peu profond, mélanger la semoule de maïs, la chapelure, l'assaisonnement au chili, le paprika, le sel d'ail et le poivre.

2 Retirer et jeter la peau du poisson. Couper le poisson en 4 portions. Frotter légèrement le poisson de tous les côtés avec la sauce pour salade. Enrober le poisson avec le mélange de semoule de maïs. Mettre le poisson sur la grille de la lèchefrite.

3 Enfourner à découvert pour environ 15 minutes ou jusqu'à ce que le poisson s'émiette facilement avec une fourchette. Saupoudrer de persil.

**1 portion :** 240 cal (70 cal provenant des lipides); lipides 8 g (saturés 1,5 g); chol. 85 mg; sodium 370 mg; glucides nets 16 g; quantité tot. de gluc. 16 g (fibres 0 g); prot. 25 g | **% de l'apport quotidien :** vit. A 10%; vit. C 0%; calc. 8%; fer 15% | **échanges :** 1 féculent, 3 viandes maigres | **CHOIX DE GLUCIDES :** 1

préparation :
**20 minutes**

du début à la fin :
**20 minutes**

8 tacos

# Tacos au poisson grillé

455 g (1 lb) de filet de poisson blanc à chair ferme, tels bar, vivaneau ou flétan

15 ml (1 c. à soupe) d'huile d'olive ou végétale

5 ml (1 c. à thé) de cumin moulu ou d'assaisonnement au chili

2 ml (1/2 c. à thé) de sel

1 ml (1/4 c. à thé) de poivre

8 tortillas de maïs, de 15 cm (6 po) chaque

50 ml (1/4 tasse) de crème sure

Garniture (lanières de laitue, avocat en dés, tomates en dés, oignon en dés et coriandre fraîche, ciselée), si désiré

125 ml (1/2 tasse) de salsa

1 Frotter la grille du barbecue avec de l'huile végétale. Préchauffer le barbecue au charbon de bois ou au propane pour une cuisson directe.

2 Frotter le poisson avec l'huile ; saupoudrer de cumin, sel et poivre. Couvrir et griller le poisson à feu moyen pendant 5 à 7 minutes, en retournant une fois, jusqu'à ce que le poisson s'émiette facilement à la fourchette.

3 Chauffer les tortillas selon les instructions du paquet. Étaler la crème sure sur les tortillas. Ajouter le poisson, les accompagnements et la salsa.

**1 taco :** 150 cal (60 cal provenant des lipides) ; lipides 7 g (saturés 2 g) ; chol. 35 mg ; sodium 290 mg ; glucides nets 11 g ; quantité tot. de gluc. 13 g (fibres 2 g) ; prot. 12 g | **% de l'apport quotidien :** vit. A 4 % ; vit. C 2 % ; calc. 6 % ; fer 6 % | **échanges :** 1 féculent, 1 viande très maigre, 1 gras | **CHOIX DE GLUCIDES :** 1

**Tacos au poisson grillé**

Glucides **3 g**
Glucides nets **3 g**

préparation :
**10 minutes**

du début à la fin :
**20 minutes**

4 portions

# Sébaste au parmesan

**1 lb de filet de sébaste, de morue ou d'aiglefin**

**30 ml (2 c. à soupe) de chapelure**

**15 ml (1 c. à soupe) de parmesan râpé**

**5 ml (1 c. à thé) de basilic séché**

**2 ml (1/2 c. à thé) de paprika**

**1 pincée de poivre**

**15 ml (1 c. à soupe) de beurre ou de margarine, fondus**

**30 ml (2 c. à soupe) de persil frais, haché**

1 Positionner la grille du four légèrement sous le milieu. Préchauffer le four à 260 °C (500 °F). Vaporiser un enduit antiadhésif dans un plat de cuisson de 33 x 23 cm (13 x 9 po).

2 Si les filets de poisson sont gros, les couper en 4 portions. Dans un plat peu profond, mélanger la chapelure, le fromage, le basilic, le paprika et le poivre. Badigeonner un côté de chaque morceau avec le beurre ; tremper dans le mélange de chapelure. Disposer le poisson, côté enrobé sur le dessus, dans le plat de cuisson.

3 Enfourner à découvert pour environ 10 minutes ou jusqu'à ce que le poisson s'émiette facilement à la fourchette. Saupoudrer de persil.

**1 portion :** 150 cal (45 cal provenant des lipides) ; lipides 5 g (saturés 2 g) ; chol. 70 mg ; sodium 170 mg ; glucides nets 3 g ; quantité tot. de gluc. 3 g (fibres 0 g) ; prot. 23 g | **% de l'apport quotidien :** vit. A 10% ; vit. C 2% ; calc. 6% ; fer 4% | **échanges :** 3 1/2 viandes très maigres, 1/2 gras | **CHOIX DE GLUCIDES :** 0

4 portions

# Kebabs aux crevettes

Glucides **15 g**
Glucides nets **12 g**

**455 g (1 lb) de grosses crevettes crues, décortiquées et déveinées, dégelées si congelées, la queue enlevée**

**250 ml (1 tasse) de vinaigrette italienne sans gras**

**1 oignon rouge de grosseur moyenne, coupé en 8 morceaux**

**1 poivron de grosseur moyenne, coupé en 8 morceaux**

**16 tomates cerises de grosseur moyenne**

**16 petits champignons entiers**

préparation :
**20 minutes**

du début à la fin :
**50 minutes**

1  Dans un plat de verre ou de plastique peu profond, ou dans un sac de plastique résistant à glissière, verser les crevettes et la vinaigrette. Couvrir le plat ou refermer le sac, et réfrigérer pendant 30 minutes.

2  Préchauffer le barbecue au charbon de bois ou au propane pour une cuisson directe. Retirer les crevettes de la marinade ; réserver la marinade. Sur chacune de quatre brochettes de 38 cm (15 po) en métal, enfiler alternativement crevette, oignon, poivron, tomate et champignon, en laissant 5 mm (1/4 po) d'espace entre chaque morceau.

3  Couvrir le barbecue et griller les kebabs à feu moyen pendant 6 à 8 minutes, en retournant souvent et en badigeonnant plusieurs fois avec la marinade, jusqu'à ce que les crevettes soient roses et fermes. Jeter le reste de la marinade.

**1 portion :** 150 cal (20 cal provenant des lipides) ; lipides 2 g (saturés 0 g) ; chol. 165 mg ; sodium 850 mg ; glucides nets 12 g ; quantité tot. de gluc. 15 g (fibres 3 g) ; prot. 21 g | **% de l'apport quotidien :** vit. A 20 % ; vit. C 40 % ; calc. 6 % ; fer 20 % | **échanges :** 1/2 autre aliment, 1 légume, 2 1/2 viandes très maigres | **CHOIX DE GLUCIDES :** 1

# Crevettes sautées à la manière du Sud-Ouest

Glucides **8 g**
Glucides nets **7 g**

préparation :
**20 minutes**

du début à la fin :
**1 heure
20 minutes**

# info-
## glucides
Restez dans la thématique Sud-Ouest en servant des fleurettes de brocoli frais cuites à la vapeur, parsemées d'un peu de zeste de lime rapé.

30 ml (2 c. à soupe) de jus de lime

10 ml (2 c. à thé) de fécule de maïs

2 ml (1/2 c. à thé) de cumin moulu

1 ml (1/4 c. à thé) de sel

1 ml (1/4 c. à thé) de poivre

455 g (1 lb) de grosses crevettes crues, décortiquées et déveinées (environ 24), dégelées si congelées, la queue enlevée

1 gros poivron jaune, haché, soit 375 ml (1 1/2 tasse)

1 gros poivron rouge, haché, soit 375 ml (1 1/2 tasse)

1 oignon de grosseur moyenne, haché, soit 125 ml (1/2 tasse)

75 ml (1/3 tasse) de bouillon de poulet

2 gousses d'ail, finement hachées

0,5 ml (1/8 c. à thé) de poivre de Cayenne

30 ml (2 c. à soupe) de coriandre fraîche, hachée

1 Dans un bol de verre ou de plastique de grosseur moyenne, mélanger le jus de lime, la fécule de maïs, le cumin, le sel et le poivre. Incorporer les crevettes. Couvrir et réfrigérer pendant 1 heure.

2 Chauffer une poêle antiadhésive de 30,5 cm (12 po) à feu moyen. Ajouter les poivrons, l'oignon, le bouillon, l'ail, le poivre de Cayenne et la coriandre; cuire en remuant pendant 2 minutes. Ajouter le mélange de crevettes; cuire en remuant pendant 3 à 4 minutes ou jusqu'à ce que les crevettes soient roses et fermes.

**1 portion :** 90 cal (10 cal provenant des lipides); lipides 1 g (saturés 0 g); chol. 110 mg; sodium 280 mg; glucides nets 7 g; quantité tot. de gluc. 8 g (fibres 1 g); prot. 13 g | **% de l'apport quotidien :** vit. A 50%; vit. C 120%; calc. 4%; fer 15% | **échanges :** 1 légume, 1 1/2 viande très maigre | **CHOIX DE GLUCIDES :** 1/2

Crevettes sautées à la manière du Sud-Ouest

préparation :
**20 minutes**

du début à la fin :
**20 minutes**

# info-glucides

Les pétoncles se trouvent en deux grosseurs. Les pétoncles géants sont évidemment les plus gros des deux, et mesurent environ 5 cm (2 po) de diamètre. Les pétoncles de baie mesurent environ 1,5 cm (1/2 po) de diamètre. Les deux variétés de pétoncles sont d'un blanc crème, d'une saveur douce et sucrée. Les pétoncles géants peuvent avoir des reflets orange pâle ou rosés, et les pétoncles de baies peuvent être légèrement ocres ou rosés. Prenez ceux qui vous plairont, mais il faudra peut-être couper les pétoncles géants en deux. Les pétoncles ne contiennent aucun glucide.

# Crevettes et pétoncles parfumés

**455 g (1 lb) de pétoncles de baie ou de pétoncles géants**

**30 ml (2 c. à soupe) d'huile d'olive ou végétale**

**1 gousse d'ail, finement hachée**

**2 oignons verts de grosseur moyenne, hachés, soit 30 ml (2 c. à soupe)**

**1 poivron vert de grosseur moyenne, coupé en dés, soit 250 ml (1 tasse)**

**15 ml (1 c. à soupe) de persil frais, haché, ou 5 ml (1 c. à thé) de flocons de persil séché**

**455 g (1 lb) de crevettes moyennes crues, décortiquées et déveinées, dégelées si congelées, la queue enlevée**

**125 ml (1/2 tasse) de vin blanc sec ou de bouillon de poulet**

**15 ml (1 c. à soupe) de jus de citron frais**

**1 à 2 ml (1/4 à 1/2 c. à thé) de piment rouge broyé**

1 Si des pétoncles géants sont utilisés, les couper en deux. Dans une poêle de 25,5 cm (10 po), chauffer l'huile sur feu moyen. Cuire l'ail, les oignons verts, le poivron et le persil dans l'huile pendant environ 5 minutes, en remuant de temps à autre, jusqu'à ce que le poivron soit légèrement tendre, mais encore croquant.

2 Incorporer les pétoncles et le reste des ingrédients. Cuire de 4 à 5 minutes, en remuant souvent, jusqu'à ce que les crevettes soient roses et fermes, et les pétoncles, blancs.

**1 portion :** 140 cal (50 cal provenant des lipides) ; lipides 6 g (saturés 1 g) ; chol. 130 mg ; sodium 230 mg ; glucides nets 2 g ; quantité tot. de gluc. 2 g (fibres 0 g) ; prot. 21 g | **% de l'apport quotidien :** vit. A 8 % ; vit. C 20 % ; calc. 8 % ; fer 15 % | **échanges :** 3 viandes très maigres, 1 gras | **CHOIX DE GLUCIDES :** 0

Crevettes et pétoncles parfumés

Glucides **2 g**
Glucides nets **2 g**

préparation :
**30 minutes**

du début à la fin :
**30 minutes**

# info-
## glucides

Les fruits de mer, incluant les crevettes et les poissons, ne contiennent aucun glucide — c'est merveilleux ! Cette variante de la galette de crabe traditionnelle peut être mangée telle quelle, ou servie entre des feuilles de laitue avec de la mayonnaise ou de la sauce tartare à teneur réduite en matières grasses, ou encore de la salsa.

6 portions

# Galettes de poisson blanc et de crevettes

**340 g (3/4 lb) de filet de poisson blanc, de truite ou de barbotte, coupé en morceaux**

**225 g (1/2 lb) de crevettes moyennes crues, décortiquées et déveinées, dégelées si congelées, la queue enlevée**

**4 oignons verts de grosseur moyenne, hachés, soit 50 ml (1/4 tasse)**

**30 ml (2 c. à soupe) de substitut d'œuf sans gras et sans cholestérol, ou 1 gros blanc d'œuf**

**30 ml (2 c. à soupe) de persil frais, haché**

**15 ml (1 c. à soupe) de farine tout usage**

**15 ml (1 c. à soupe) de mayonnaise ou de sauce à salade, à teneur réduite en matières grasses**

**5 ml (1 c. à thé) de moutarde de Dijon**

**2 ml (1/2 c. à thé) de sel**

**1 ml (1/4 c. à thé) de poivre**

**0,5 ml (1/8 c. à thé) de sauce Worcestershire**

**Sauce tartare à teneur réduite en matières grasses ou salsa, si désiré**

1 Dans un robot, mettre tous les ingrédients, sauf la sauce tartare. Couvrir et réduire par touches successives et rapides, jusqu'à ce que le poisson et les crevettes soient hachés grossièrement.

2 Chauffer une poêle antiadhésive de 30,5 cm (12 po) sur feu moyen, puis y verser l'appareil un peu moins de 75 ml (1/3 tasse) à la fois. Aplatir avec une spatule. Cuire 4 minutes, puis tourner. Poursuivre la cuisson pendant environ 4 minutes ou jusqu'à ce que les galettes soient fermes. Servir avec la sauce tartare.

**1 portion :** 120 cal (45 cal provenant des lipides); lipides 5 g (saturés 1 g); chol. 85 mg; sodium 330 mg; glucides nets 2 g; quantité tot. de gluc. 2 g (fibres 0 g); prot. 18 g | **% de l'apport quotidien :** vit. A 6%; vit. C 2%; calc. 2%; fer 10% | **échanges :** 2 1/2 viandes très maigres, 1 gras | **CHOIX DE GLUCIDES :** 0

**Galettes de poisson blanc et de crevettes**

préparation :
**20 minutes**

du début à la fin :
**20 minutes**

4 portions

# Salade d'épinards et de crevettes avec sauce chaude au bacon

3 tranches de bacon, coupées en morceaux de 2,5 cm (1 po)

50 ml (1/4 tasse) de vinaigre blanc

15 ml (1 c. à soupe) de sucre

1 ml (1/4 c. à thé) de moutarde en poudre

1,5 l (6 tasses) d'épinards en morceaux de la taille d'une bouchée

250 ml (1 tasse) de champignons frais, tranchés, soit 85 g (3 oz)

50 ml (1/4 tasse) de feta émietté, soit 30 g (1 oz)

225 g (1/2 lb) de crevettes moyennes cuites, décortiquées et déveinées, dégelées si congelées

1 Dans une poêle de 25,5 cm (10 po), cuire le bacon à feu moyen-vif, en remuant de temps en temps, jusqu'à consistance croustillante. Incorporer le vinaigre, le sucre et la moutarde ; continuer de remuer jusqu'à ce que le sucre soit dissous.

2 Dans un grand bol, remuer les épinards, les champignons, le fromage et les crevettes. Verser la sauce chaude au bacon en filet sur la salade d'épinards ; remuer pour enrober. Servir immédiatement.

**1 portion :** 130 cal (50 cal provenant des lipides) ; lipides 5 g (saturés 2,5 g) ; chol. 120 mg ; sodium 340 mg ; glucides nets 5 g ; quantité tot. de gluc. 7 g (fibres 2 g) ; prot. 17 g | **% de l'apport quotidien :** vit. A 90 % ; vit. C 25 % ; calc. 10 % ; fer 20 % | **échanges :** 1 1/2 légume, 2 viandes très maigres, 1 gras | **CHOIX DE GLUCIDES :** 1/2

# 6 Plats végétariens faciles à cuisiner

◖ = **super express** prêt en 30 minutes ou moins

Glucides **18 g**
Glucides nets **15 g**

préparation :
**30 minutes**

du début à la fin :
**30 minutes**

## info-glucides

Quelle sauce pour pâtes choisir? Avec de gros morceaux? Lisse? Douce ou épicée? Prenez celle qui vous plaît, mais vérifiez l'étiquette pour connaître la teneur en glucides, car certaines sauces contiennent davantage de sucre que d'autres.

6 portions

# Aubergine au parmesan

1 aubergine de grosseur moyenne, soit 680 g (1 1/2 lb), pelée et coupée en tranches de 5 mm (1/4 po)

**Enduit antiadhésif**

50 ml (1/4 tasse) de parmesan finement râpé

50 ml (1/4 tasse) de chapelure assaisonnée

10 ml (2 c. à thé) d'huile d'olive ou végétale

250 ml (1 tasse) de sauce tomate pour pâtes alimentaires

375 ml (1 1/2 tasse) de mozzarella râpée à teneur réduite en matières grasses, soit 175 g (6 oz)

1 Préchauffer le gril du four. Vaporiser généreusement l'enduit antiadhésif des deux côtés de chaque tranche d'aubergine. Mettre sur une grille dans une lèchefrite. Griller à une distance de 10 à 12,5 cm (4 à 5 po) de l'élément pendant environ 10 minutes, en retournant une fois, jusqu'à ce que les tranches d'aubergine soient tendres.

2 Pendant ce temps, dans un petit bol, mélanger le parmesan et la chapelure; remuer avec l'huile.

3 Dans une casserole de 1 l (4 tasses), réchauffer la sauce pour pâtes à feu moyen pendant 2 minutes, en remuant de temps à autre, jusqu'à ce qu'elle soit complètement chaude. Retirer du feu; couvrir pour garder la sauce chaude.

4 Répandre 250 ml (1 tasse) de mozzarella sur les tranches d'aubergine. Disposer le mélange de chapelure sur le fromage. Griller pendant environ 1 minute, ou jusqu'à ce que le fromage soit fondu et la chapelure dorée. Garnir l'aubergine avec la sauce pour pâtes et les derniers 125 ml (1/2 tasse) de mozzarella.

**1 portion :** 200 cal (90 cal provenant des lipides); lipides 10 g (saturés 5 g); chol. 20 mg; sodium 470 mg; glucides nets 15 g; quantité tot. de gluc. 18 g (fibres 3 g); prot. 11 g | **% de l'apport quotidien :** vit. A 10%; vit. C 6%; calc. 30%; fer 6% | **échanges :** 1/2 féculent, 1 légume, 1 viande maigre, 1 1/2 gras | **CHOIX DE GLUCIDES :** 1

**Aubergine au parmesan**

Glucides **11 g**
Glucides nets **8 g**

préparation :
**20 minutes**

du début à la fin :
**50 minutes**

# Tourte à l'aubergine et au gouda

**2 petites aubergines, d'environ 455 g (1 lb) chacune, pelées et coupées en morceaux de 2 cm (3/4 po)**

**250 ml (1 tasse) de gouda fumé râpé, soit 115 g (4 oz)**

**125 ml (1/2 tasse) de ricotta**

**50 ml (1/4 tasse) de chapelure blanche**

**15 ml (1 c. à soupe) de feuilles de basilic frais ou 5 ml (1 c. à thé) de basilic séché**

**2 ml (1/2 c. à thé) de sel**

**0,5 ml (1/8 c. à thé) de poivre**

**1 gousse d'ail, finement hachée**

**3 gros œufs, battus**

## info-glucides

L'aubergine donne une merveilleuse texture de viande à cette tourte, mais ne contient que 3,3 g de glucides par 125 ml (1/2 tasse).

1   Préchauffer le four à 180 °C (350 °F). Vaporiser un enduit antiadhésif dans une assiette à tarte en verre de 23 cm (9 po).

2   Verser 1,5 cm (1/2 po) d'eau dans une casserole ou un poêlon ; mettre un panier pour cuisson à la vapeur dans la casserole (l'eau ne devrait pas toucher le fond du panier). Mettre l'aubergine dans le panier. Couvrir hermétiquement et porter à ébullition ; réduire le feu. Cuire à la vapeur pendant 5 à 7 minutes ou jusqu'à ce que l'aubergine soit tendre.

3   Dans un grand bol, réduire l'aubergine en purée à la fourchette. Incorporer 175 ml (3/4 tasse) de gouda et le reste des ingrédients. Verser le mélange dans l'assiette à tarte. Parsemer avec les derniers 50 ml (1/4 tasse) de gouda.

4   Enfourner à découvert pour environ 30 minutes ou jusqu'à ce que la lame d'un couteau insérée au centre ressorte propre.

**1 portion :** 170 cal (90 cal provenant des lipides) ; lipides 10 g (saturés 5 g) ; chol. 135 mg ; sodium 420 mg ; glucides nets 8 g ; quantité tot. de gluc. 11 g (fibres 3 g) ; prot. 11 g | **% de l'apport quotidien :** vit. A 10 % ; vit. C 0 % ; calc. 20 % ; fer 6 % | **échanges :** 1/2 féculent, 1 légume, 1 viande très grasse, 1/2 gras | **CHOIX DE GLUCIDES :** 1

4 portions

# Quiche aux épinards, facile à préparer

Glucides **9 g**
Glucides nets **6 g**

préparation :
**20 minutes**

du début à la fin :
**50 minutes**

**15 ml (1 c. à soupe) de beurre ou de margarine**

**1 paquet de 283 g (10 oz) d'épinards frais, lavés, finement hachés**

**1 petit poivron rouge, haché, soit 125 ml (1/2 tasse)**

**175 ml (3/4 tasse) de lait écrémé**

**30 ml (2 c. à soupe) de farine tout usage**

**2 ml (1/2 c. à thé) de sel**

**0,5 ml (1/8 c. à thé) de muscade moulue**

**3 gros œufs**

**30 ml (2 c. à soupe) de parmesan râpé**

1 Préchauffer le four à 180 °C (350 °F). Vaporiser un enduit antiadhésif dans une assiette à tarte en verre de 23 cm (9 po).

2 Dans une poêle antiadhésive de 30,5 cm (12 po), faire fondre le beurre à feu moyen. Cuire les épinards et le poivron dans le beurre pendant environ 5 minutes, en remuant de temps en temps, jusqu'à ce que les épinards soient tombés et que le poivron soit légèrement tendre, mais encore croquant.

3 Dans un petit bol, battre à la fourchette ou au fouet le reste des ingrédients, sauf le fromage, jusqu'à consistance lisse ; verser dans la poêle. Remuer le mélange, puis verser dans l'assiette à tarte.

4 Enfourner à découvert pour 30 minutes ou jusqu'à ce que le centre ait pris. Parsemer de fromage. Servir immédiatement.

**1 portion :** 140 cal (70 cal provenant des lipides) ; lipides 8 g (saturés 3,5 g) ; chol. 170 mg ; sodium 500 mg ; glucides nets 6 g ; quantité tot. de gluc. 9 g (fibres 3 g) ; prot. 10 g | **% de l'apport quotidien :** vit. A 160% ; vit. C 45% ; calc. 20% ; fer 15% | **échanges :** 1 légume, 1 viande mi-grasse, 1 gras | **CHOIX DE GLUCIDES :** 1/2

# Quiche aux légumes, incroyablement facile à préparer

Glucides **11 g**
Glucides nets **10 g**

préparation :
**15 minutes**

du début à la fin :
**55 minutes**

500 ml (2 tasses) de brocoli haché ou de fleurettes de chou-fleur tranchées

75 ml (1/3 tasse) d'oignon haché

75 ml (1/3 tasse) de poivron vert haché

250 ml (1 tasse) de cheddar râpé à teneur réduite en matières grasses, soit 115 g (4 oz)

125 ml (1/2 tasse) de mélange Bisquick original

250 ml (1 tasse) de lait écrémé

2 ml (1/2 c. à thé) de sel

1 ml (1/4 c. à thé) de poivre

2 gros œufs

1 Préchauffer le four à 200 °C (400 °F). Vaporiser un enduit antiadhésif dans une assiette à tarte en verre de 23 cm (9 po). Dans une casserole de 2 l (8 tasses), porter 2,5 cm (1 po) d'eau à ébullition. Ajouter le brocoli ; couvrir et porter à ébullition. Cuire pendant 5 minutes ou jusqu'à ce que le brocoli soit presque tendre ; bien égoutter.

2 Dans l'assiette à tarte, mettre le brocoli, l'oignon, le poivron et le fromage. Dans un bol moyen, mélanger le reste des ingrédients jusqu'à consistance homogène. Verser dans l'assiette à tarte.

3 Enfourner à découvert pour 30 à 35 minutes, ou jusqu'à ce que la quiche soit dorée et qu'un couteau inséré au centre ressorte propre. Laisser reposer 5 minutes avant de couper en portions.

**1 portion :** 120 cal (40 cal provenant des lipides) ; lipides 4,5 g (saturés 2 g) ; chol. 75 mg ; sodium 570 mg ; glucides nets 10 g ; quantité tot. de gluc. 11 g (fibres 1 g) ; prot. 10 g | **% de l'apport quotidien :** vit. A 15% ; vit. C 30% ; calc. 25% ; fer 6% | **échanges :** 1/2 féculent, 1 légume, 1 viande mi-grasse | **CHOIX DE GLUCIDES :** 1

Quiche aux légumes, incroyablement facile à préparer

Glucides **19 g**
Glucides nets **17 g**

préparation :
**15 minutes**

du début à la fin :
**15 minutes**

4 roulés

# Roulés à la salade César

**16 petites feuilles de laitue romaine, déchiquetées en bouchées**

**50 ml (1/4 tasse) d'oignon rouge haché**

**30 ml (2 c. à soupe) de parmesan ou de romano, râpés**

**50 ml (1/4 tasse) de sauce pour salade César sans gras**

**4 tortillas aux légumes du jardin ou nature, de 15 à 20,5 cm (6 à 8 po) chacune**

**4 gros œufs à la coque, tranchés**

**2 tomates italiennes, tranchées**

1 Dans un grand bol, remuer la romaine, l'oignon, le fromage et la sauce pour salade, pour bien enrober les ingrédients.

2 Étaler uniformément le mélange de romaine à partir du centre de chaque tortilla. Garnir d'œufs et de tomates.

3 Plier un bout de tortilla d'environ 2,5 cm (1 po) sur la garniture ; puis, replier les côtés droit et gauche par-dessus ce bout replié, en les chevauchant. Faire tenir avec un cure-dent si nécessaire. Servir immédiatement.

**1 roulé :** 190 cal (70 cal provenant des lipides) ; lipides 8 g (saturés 2,5 g) ; chol. 215 mg ; sodium 450 mg ; glucides nets 17 g ; quantité tot. de gluc. 19 g (fibres 2 g) ; prot. 11 g | **% de l'apport quotidien :** vit. A 30% ; vit. C 30% ; calc. 15% ; fer 10% | **échanges :** 1 féculent, 1 légume, 1 viande mi-grasse, 1/2 gras |
**CHOIX DE GLUCIDES :** 1

Roulés à la salade César

Glucides **18 g**
Glucid es nets **18 g**

préparation :
**10 minutes**

du début à la fin :
**25 minutes**

8 portions

# Pizza au fromage préférée de la famille

**375 ml (1 1/2 tasse) de mélange Bisquick à teneur réduite en matières grasses**

**75 ml (1/3 tasse) d'eau très chaude**

**125 ml (1/2 tasse) de sauce à pizza**

**2 ml (1/2 c. à thé) d'assaisonnement à l'italienne**

**500 ml (2 tasses) de mozzarella partiellement écrémée, râpée, soit 225 g (8 oz)**

**5 tranches de 23 g (3/4 oz) de fromage américain à teneur réduite en matières grasses**

1 Disposer la grille du four à la position inférieure. Préchauffer le four à 230 °C (450 °F). Vaporiser un enduit antiadhésif sur une plaque à pizza de 30,5 cm (12 po).

2 Dans un bol moyen, mélanger le Bisquick avec l'eau très chaude jusqu'à l'obtention d'une pâte souple ; battre vigoureusement 20 fois à la cuillère. Abaisser la pâte à la main dans la plaque. Pincer les bords pour obtenir un cercle de 30,5 cm (12 po).

3 Étaler la sauce à pizza sur la pâte. Parsemer avec l'assaisonnement à l'italienne et la mozzarella. Enfourner pour 10 à 12 minutes, ou jusqu'à ce que la croûte soit dorée et que le fromage bouillonne.

4 Couper le fromage américain avec des emporte-pièces de 5 cm (2 po) de la forme désirée. Disposer les formes sur la pizza. Laisser reposer 1 à 2 minutes ou jusqu'à ce que le fromage américain soit fondu.

**1 portion :** 200 cal (80 cal provenant des lipides) ; lipides 9 g (saturés 5 g) ; chol. 20 mg ; sodium 650 mg ; glucides nets 18 g ; quantité tot. de gluc. 18 g (fibres 0 g) ; prot. 12 g | **% de l'apport quotidien :** vit. A 6% ; vit. C 2% ; calc. 30% ; fer 6% | **échanges :** 1 féculent, 1 1/2 viande maigre, 1 gras | **CHOIX DE GLUCIDES :** 1

Pizza au fromage préférée de la famille

**super** *express*

Glucides **16 g**
Glucides nets **11 g**

préparation :
**15 minutes**

du début à la fin :
**15 minutes**

4 portions

# Kung Pao végétarien

**125 ml (1/2 tasse) d'arachides rôties à sec**
**Enduit antiadhésif**
**15 ml (1 c. à soupe) de fécule de maïs**
**5 ml (1 c. à thé) de sucre**
**15 ml (1 c. à soupe) d'eau froide**
**125 ml (1/2 tasse) de bouillon de légumes**

**5 ml (1 c. à thé) de purée de chili à l'ail**
**1 sac de 455 g (1 lb) de carottes entières, de haricots verts et beurre (ou tout autre mélange), congelés**
**Riz entier cuit et très chaud, si désiré**

1 Chauffer une poêle ou un wok antiadhésifs de 30,5 cm (12 po) à feu moyen-vif. Répandre les arachides en une seule couche sur un essuie-tout, puis les vaporiser légèrement de l'enduit antiadhésif, pendant environ 2 secondes. Ajouter les arachides dans la poêle ; cuire en remuant pendant environ 1 minute ou jusqu'à ce qu'elles soient grillées. Retirer immédiatement de la poêle et laisser tiédir.

2 Dans un petit bol, mélanger la fécule de maïs, le sucre et l'eau froide. Dans la poêle, mélanger le bouillon et la purée de chili ; porter à ébullition. Incorporer les légumes. Porter à ébullition ; régler à feu moyen-doux. Couvrir et cuire pendant 5 minutes, en remuant de temps à autre.

3 Déplacer les légumes vers les bords de la poêle. Incorporer le mélange de fécule au liquide de la poêle. Cuire les légumes et la sauce en remuant à feu vif pendant environ 1 minute, ou jusqu'à ce que la sauce ait épaissi. Incorporer les arachides. Servir avec le riz.

**1 portion :** 160 cal (80 cal provenant des lipides) ; lipides 9 g (saturés 1,5 g) ; chol. 0 mg ; sodium 360 mg ; glucides nets 11 g ; quantité tot. de gluc. 16 g (fibres 5 g) ; prot. 7 g | **% de l'apport quotidien :** vit. A 230% ; vit. C 2% ; calc. 6% ; fer 8% | **échanges :** 1/2 féculent, 1 légume, 1/2 viande très grasse, 1 gras | **CHOIX DE GLUCIDES :** 1

4 portions

# Ragoût de légumes parfumé

Glucides **13 g**
Glucides nets **11 g**

préparation :
**20 minutes**

du début à la fin :
**20 minutes**

15 ml (1 c. à soupe) d'huile d'olive ou végétale

500 ml (2 tasses) de poivrons et d'oignons pour sautés, provenant d'un sac de 455 g (1 lb)

1 boîte de 412 ml (14,5 oz) de tomates en dés avec chilis verts doux, non égouttées

5 ml (1 c. à thé) de feuilles de thym frais, hachées, ou 1 ml (1/4 c. à thé) de thym séché

1 Dans une poêle antiadhésive de 12 po, chauffer l'huile sur feu moyen. Cuire les légumes pour sautés dans l'huile pendant environ 3 minutes, en remuant souvent, jusqu'à ce qu'ils soient légèrement tendres.

2 Incorporer les tomates et le thym. Porter à ébullition, puis réduire le feu. Couvrir et laisser mijoter pendant 8 à 10 minutes, en remuant de temps à autre, jusqu'à ce que le contenu soit très chaud.

**1 portion :** 90 cal (35 cal provenant des lipides) ; lipides 3,5 g (saturés 0 g) ; chol. 0 mg ; sodium 280 mg ; glucides nets 11 g ; quantité tot. de gluc. 13 g (fibres 2 g) ; prot. 2 g | **% de l'apport quotidien :** vit. A 8 % ; vit. C 35 % ; calc. 4 % ; fer 4 % | **échanges :** 2 légumes, 1 gras | **CHOIX DE GLUCIDES :** 1

Glucides **19 g**
Glucides nets **15 g**

préparation :
**15 minutes**

du début à la fin :
**15 minutes**

4 portions

# Casserole de riz aux légumes

**1 boîte de 398 ml (14 oz) de bouillon de légumes**

**15 ml (1 c. à soupe) de beurre ou de margarine**

**1 sac de 455 g (1 lb) de brocoli, carottes et chou-fleur congelés**

**1 paquet de 175 g (6,2 oz) de riz à grains longs et riz sauvage mélangés, à cuisson rapide**

**175 ml (3/4 tasse) de cheddar râpé à teneur réduite en matières grasses, soit 85 g (3 oz)**

1 Dans une poêle de 25,5 cm (10 po), porter le bouillon et le beurre à ébullition. Incorporer les légumes, le riz et le contenu du sachet d'assaisonnement. Porter à ébullition; réduire le feu.

2 Couvrir et laisser mijoter de 5 à 6 minutes, ou jusqu'à ce que les légumes et le riz soient tendres. Saupoudrer de fromage.

**1 portion :** 150 cal (40 cal provenant des lipides); lipides 4,5 g (saturés 2,5 g); chol. 10 mg; sodium 670 mg; glucides nets 15 g; quantité tot. de gluc. 19 g (fibres 4 g); prot. 9 g | **% de l'apport quotidien :** vit. A 70%; vit. C 30%; calc. 20%; fer 6% | **échanges :** 1 féculent, 1 légume, 1/2 viande très grasse | **CHOIX DE GLUCIDES :** 1

Casserole de riz aux légumes

super *express*

Glucides **18 g**
Glucides nets **13 g**

préparation :
**15 minutes**

du début à la fin :
**15 minutes**

4 portions

# Salade de légumes du jardin

**750 ml (3 tasses) de chou-fleur, coupé en bouchées, soit 455 g (1 lb)**

**500 ml (2 tasses) de brocoli, coupé en bouchées, soit 140 g (5 oz)**

**250 ml (1 tasse) de tomates cerises, coupées en deux**

**175 ml (3/4 tasse) de dés de cheddar ou de colby à teneur réduite en matières grasses**

**1 branche de céleri de grosseur moyenne, tranchée, soit 125 ml (1/2 tasse)**

**50 ml (1/4 tasse) d'olives farcies au poivron**

**125 ml (1/2 tasse) de sauce pour salade ranch sans gras**

1 Dans un grand bol, mélanger tous les ingrédients, sauf la sauce pour salade.

2 Ajouter la sauce pour salade ; remuer jusqu'à ce que les légumes en soient uniformément enrobés.

**1 portion :** 130 cal (40 cal provenant des lipides) ; lipides 4 g (saturés 1,5 g) ; chol. 5 mg ; sodium 660 mg ; glucides nets 13 g ; quantité tot. de gluc. 18 g (fibres 5 g) ; prot. 9 g | **% de l'apport quotidien :** vit. A 25 % ; vit. C 140 % ; calc. 25 % ; fer 8 % | **échanges :** 1/2 autre aliment, 1 1/2 légume, 1 viande mi-grasse | **CHOIX DE GLUCIDES :** 1

4 portions

# Crème de brocoli

Glucides **12 g**
Glucides nets **8 g**

préparation :
**30 minutes**

du début à la fin :
**30 minutes**

15 ml (1 c. à soupe) d'huile végétale ou de beurre

1 oignon de grosseur moyenne, haché, soit 125 ml (1/2 tasse)

2 carottes de grosseur moyenne, émincées, soit 250 ml (1 tasse)

10 ml (2 c. à thé) de graines de moutarde

2 ml (1/2 c. à thé) de sel

1 ml (1/4 c. à thé) de poivre

340 g (3/4 lb) de brocoli, grossièrement haché, soit 875 ml (3 1/2 tasses)

1 boîte de 398 ml (14 oz) de bouillon de légumes

250 ml (1 tasse) d'eau

10 ml (2 c. à thé) de jus de citron

50 ml (1/4 tasse) de crème sure à teneur réduite en matières grasses

1  Dans une casserole de 3 l, chauffer l'huile à feu moyen. Cuire l'oignon et les carottes dans l'huile pendant environ 5 minutes, en remuant de temps à autre, jusqu'à ce que l'oignon soit tendre. Incorporer les graines de moutarde, le sel et le poivre. Incorporer le brocoli, le bouillon et l'eau. Porter à ébullition ; réduire le feu. Couvrir et laisser mijoter pendant environ 10 minutes, ou jusqu'à ce que le brocoli soit tendre.

2  Dans un mélangeur, verser un tiers du mélange de brocoli. Couvrir et réduire à vitesse maximale jusqu'à consistance lisse ; verser dans un bol. Continuer à réduire par petites quantités jusqu'à ce que toute la soupe soit réduite en purée.

3  Reverser la crème dans la casserole. Incorporer le jus de citron. Chauffer à feu doux, seulement jusqu'à ce que le contenu soit très chaud. Incorporer la crème sure.

**1 portion :** 110 cal (50 cal provenant des lipides) ; lipides 6 g (saturés 1,5 g) ; chol. 5 mg ; sodium 770 mg ; glucides nets 8 g ; quantité tot. de gluc. 12 g (fibres 4 g) ; prot. 6 g | **% de l'apport quotidien :** vit. A 130% ; vit. C 60% ; calc. 8% ; fer 8% | **échanges :** 1/2 féculent, 1 légume, 1 gras | **CHOIX DE GLUCIDES :** 1

préparation :
**15 minutes**

du début à la fin :
**1 heure
35 minutes**

# Soupe aux gros morceaux de tomates et de légumes

**30 ml (2 c. à soupe) d'huile d'olive ou végétale**

**2 gousses d'ail, finement hachées**

**2 branches de céleri de grosseur moyenne, grossièrement hachées, soit 250 ml (1 tasse)**

**2 carottes de grosseur moyenne, grossièrement hachées, soit 250 ml (1 tasse)**

**2 boîtes de 796 ml (28 oz) de tomates italiennes, non égouttées**

**500 ml (2 tasses) d'eau**

**5 ml (1 c. à thé) de basilic séché**

**2 ml (1/2 c. à thé) de poivre**

**2 boîtes de 398 ml (14 oz) de bouillon de légumes**

1 Dans une marmite de 5 à 6 l, chauffer l'huile à feu moyen-vif. Cuire l'ail, le céleri et les carottes dans l'huile pendant 5 à 7 minutes, en remuant souvent, jusqu'à ce que les carottes commencent à s'attendrir.

2 Incorporer les tomates en les broyant grossièrement. Incorporer l'eau, le basilic, le poivre et le bouillon. Porter à ébullition ; régler à feu doux.

3 Couvrir et laisser mijoter pendant 1 heure, en remuant de temps à autre.

**1 portion :** 90 cal (40 cal provenant des lipides) ; lipides 4,5 g (saturés 0,5 g) ; chol. 0 mg ; sodium 740 mg ; glucides nets 9 g ; quantité tot. de gluc. 12 g (fibres 3 g) ; prot. 4 g | **% de l'apport quotidien :** vit. A 70% ; vit. C 25% ; calc. 8% ; fer 8% | **échanges :** 1/2 féculent, 1 légume, 1 gras | **CHOIX DE GLUCIDES :** 1

Soupe aux gros morceaux de tomates et de légumes

# Crêpes à la courgette

Glucides **2 g**
Glucides nets **2 g**

préparation :
**35 minutes**

du début à la fin :
**35 minutes**

**2 gros œufs**

**75 ml (1/3 tasse) de mélange Bisquick original**

**50 ml (1/4 tasse) de parmesan râpé**

**30 ml (2 c. à soupe) d'oignon haché**

**1 pincée de poivre**

**1 courgette de grosseur moyenne, râpée, soit 500 ml (2 tasses)**

**Ketchup ou crème sure, si désiré**

## info-glucides

La courgette râpée, qui est l'un des aliments favoris des gens attentifs aux glucides, donne une texture merveilleuse à ces crêpes. Cette recette propose une façon délicieuse de passer les surplus en été.

1 Chauffer une crêpière ou une poêle, sur feu moyen ou dans un four à 190 °C (375 °F). Graisser la crêpière avec de l'huile végétale si nécessaire (ou y vaporiser un enduit antiadhésif avant de la faire chauffer).

2 Dans un bol moyen, battre les œufs avec un batteur à main jusqu'à consistance mousseuse. Incorporer le reste des ingrédients, sauf la courgette et le ketchup, jusqu'à consistance homogène. Incorporer la courgette en pliant la pâte.

3 Pour chaque crêpe, verser 30 ml (2 c. à soupe) de pâte sur la crêpière brûlante; étaler légèrement le mélange avec le dos de la cuillère. Cuire jusqu'à ce que la crêpe ait gonflé et soit sèche sur les bords. Tourner; colorer. Servir avec du ketchup.

**1 crêpe :** 25 cal (10 cal provenant des lipides); lipides 1,5 g (saturés 0,5 g); chol. 25 mg; sodium 65 mg; glucides nets 2 g; quantité tot. de gluc. 2 g (fibres 0 g); prot. 2 g | **% de l'apport quotidien :** vit. A 2%; vit. C 0%; calc. 2%; fer 0% | **échanges :** 1/2 gras | **CHOIX DE GLUCIDES :** 0

# 7 Mets d'accompagnement

= *super express* prêt en 30 minutes ou moins

Glucides **4 g**
Glucides nets **2 g**

préparation :
**15 minutes**

du début à la fin :
**15 minutes**

6 portions

# Pois mange-tout au sésame

**15 ml (1 c. à soupe) d'huile de sésame**

**225 g (8 oz) de pois mange-tout, soit 500 ml (2 tasses)**

**15 ml (1 c. à soupe) de graines de sésame**

**1 poivron rouge ou jaune de grosseur moyenne, coupé en lanières**

**1** Dans une poêle de 25,5 cm (10 po), chauffer l'huile à feu moyen. Ajouter les pois mange-tout et les graines de sésame. Cuire environ 2 minutes, en remuant souvent, jusqu'à ce que les pois mange-tout commencent à s'attendrir.

**2** Incorporer le poivron. Cuire pendant environ 2 minutes, en remuant souvent, jusqu'à ce le poivron commence à s'attendrir.

**1 portion :** 45 cal (30 cal provenant des lipides) ; lipides 3 g (saturés 0 g) ; chol. 0 mg ; sodium 0 mg ; glucides nets 2 g ; quantité tot. de gluc. 4 g (fibres 2 g) ; prot. 2 g | **% de l'apport quotidien :** vit. A 25 % ; vit. C 45 % ; calc. 0 % ; fer 4 % | **échanges :** 1 légume, 1/2 gras | **CHOIX DE GLUCIDES :** 0

**Pois mange-tout au sésame**

Glucides **7 g**
Glucides nets **5 g**

préparation :
**20 minutes**

du début à la fin :
**20 minutes**

4 portions

# Légumes champêtres grillés

**1 poivron vert de grosseur moyenne, coupés en carrés de 2,5 cm (1 po)**

**1 oignon de grosseur moyenne, coupé en croissants de 5 mm (1/4 po)**

**1 tomate de grosseur moyenne, coupée en croissants de 5 mm (1/4 po)**

**1 courgette de grosseur moyenne, coupée en cubes de 2,5 cm (1 po)**

**Enduit antiadhésif à saveur d'huile d'olive**

**2 ml (1/2 c. à thé) de sel**

1 Préchauffer le gril du four. Chemiser une plaque à pâtisserie de papier d'aluminium, puis y vaporiser l'enduit antiadhésif. Disposer les légumes en une seule couche sur la plaque. Vaporiser l'enduit antiadhésif sur les légumes. Saupoudrer avec 1 ml (1/4 c. à thé) de sel.

2 Griller à 10 cm (4 po) de l'élément pendant environ 12 minutes, en remuant de temps en temps, jusqu'à ce que les légumes soient tendres. Saupoudrer avec le dernier 1 ml (1/4 c. à thé) de sel.

**1 portion :** 30 cal (0 cal provenant des lipides) ; lipides 0 g (saturés 0 g) ; chol. 0 mg ; sodium 300 mg ; glucides nets 5 g ; quantité tot. de gluc. 7 g (fibres 2 g) ; prot. 1 g | **% de l'apport quotidien :** vit. A 15% ; vit. C 30% ; calc. 0% ; fer 4% | **échanges :** 1 légume | **CHOIX DE GLUCIDES :** 1/2

8 portions

# Asperges avec sauce à l'érable et à la moutarde

Glucides **6 g**
Glucides nets **6 g**

préparation :
**15 minutes**

du début à la fin :
**15 minutes**

**1 kg (2 lb) d'asperges, coupées en tronçons de 5 cm (2 po)**

**30 ml (2 c. à soupe) de sirop d'érable authentique ou de sirop parfumé à l'érable**

**30 ml (2 c. à soupe) de moutarde de Dijon**

**15 ml (1 c. à soupe) d'huile d'olive ou végétale**

1 Dans une poêle de 30,5 cm (12 po) ou une marmite, porter 2,5 cm (1 po) d'eau à ébullition. Ajouter les asperges. Porter à ébullition ; régler à feu moyen. Couvrir et cuire de 4 à 5 minutes, ou jusqu'à ce que les asperges soient légèrement tendres, mais encore croquantes ; égoutter.

2 Dans un petit bol, mélanger le sirop d'érable, la moutarde et l'huile. Verser en filet sur les asperges.

**1 portion :** 50 cal (20 cal provenant des lipides) ; lipides 2 g (saturés 0 g) ; chol. 0 mg ; sodium 95 mg ; glucides nets 6 g ; quantité tot. de gluc. 6 g (fibres 0 g) ; prot. 2 g | **% de l'apport quotidien :** vit. A 10% ; vit. C 10% ; calc. 0% ; fer 2% | **échanges :** 1 légume, 1/2 gras | **CHOIX DE GLUCIDES :** 1/2

Glucides **8 g**
Glucides nets **7 g**

préparation :
**20 minutes**

du début à la fin :
**20 minutes**

4 portions

# Sauté aux trois poivrons

**175 ml (3/4 tasse) de bouillon de poulet sans gras**

**10 ml (2 c. à thé) de gingembre râpé**

**2 gousses d'ail, finement hachées**

**1 poivron rouge de grosseur moyenne, émincé**

**1 poivron jaune de grosseur moyenne, émincé**

**1 poivron orange ou vert de grosseur moyenne, émincé**

**15 ml (1 c. à soupe) de sauce hoisin**

1 Dans une poêle antiadhésive de 25,5 cm (10 po) ou un wok antiadhésif, porter la moitié du bouillon à ébullition à feu moyen-vif. Ajouter le gingembre et l'ail; cuire en remuant pendant 1 minute.

2 Ajouter les poivrons et le reste du bouillon. Cuire pendant 5 à 8 minutes, en remuant de temps à autre, jusqu'à ce que les légumes soient tendres et que la plus grande partie du liquide se soit évaporée. Incorporer la sauce hoisin.

**1 portion :** 40 cal (0 cal provenant des lipides); lipides 0 g (saturés 0 g); chol. 0 mg; sodium 160 mg; glucides nets 7 g; quantité tot. de gluc. 8 g (fibres 1 g); prot. 1 g | **% de l'apport quotidien :** vit. A 40%; vit. C 140%; calc. 0%; fer 4% | **échanges :** 1 légume | **CHOIX DE GLUCIDES :** 1/2

6 portions

# Tranches de tomate à l'estragon

**3 tomates de grosseur moyenne, coupées en tranches de 5 mm (1/4 po)**

**50 ml (1/4 tasse) de vinaigre de vin à l'estragon ou de vinaigre de cidre**

**15 ml (1 c. à soupe) d'huile d'olive ou végétale**

**15 ml (1 c. à soupe) de feuilles d'estragon frais, hachées, ou 5 ml (1 c. à thé) d'estragon séché**

**Poivre du moulin**

**Feuilles de laitue**

1 Mettre les tomates dans un plat de verre ou de plastique. Dans un contenant hermétique, secouer le vinaigre, l'huile et l'estragon ; verser sur les tomates. Saupoudrer de poivre.

2 Couvrir et réfrigérer pendant au moins 2 heures pour permettre aux saveurs de se mélanger. Servir sur de la laitue.

Glucides **4 g**
Glucides nets **3 g**

préparation :
**10 minutes**

du début à la fin :
**2 heures**
**10 minutes**

**1 portion :** 40 cal (25 cal provenant des lipides) ; lipides 2,5 g (saturés 0 g) ; chol. 0 mg ; sodium 5 mg ; glucides nets 3 g ; quantité tot. de gluc. 4 g (fibres 1 g) ; prot. 0 g | **% de l'apport quotidien :** vit. A 10% ; vit. C 20% ; calc. 0% ; fer 2% | **échanges :** 1/2 légume, 1/2 gras | **CHOIX DE GLUCIDES :** 0

préparation :
**20 minutes**

du début à la fin :
**20 minutes**

6 portions

# Haricots verts à l'ail

**455 g (1 lb) de haricots verts**

**15 ml (1 c. à soupe) de beurre ou de margarine**

**10 ml (2 c. à thé) de feuilles d'origan frais, hachées, ou 2 ml (1/2 c. à thé) d'origan séché**

**5 ml (1 c. à thé) d'ail finement haché**

**1 ml (1/4 c. à thé) de sel**

**50 ml (1/4 tasse) d'olives Kalamata dénoyautées, coupées en deux**

1 Dans une casserole de 2 l, verser 2,5 cm (1 po) d'eau; ajouter les haricots. Porter à ébullition, puis réduire le feu. Laisser mijoter pendant 6 à 8 minutes ou jusqu'à ce que les haricots soient légèrement tendres, mais encore croquants; égoutter.

2 Dans la même casserole, chauffer le beurre, l'origan, l'ail et le sel à feu moyen pendant 1 à 2 minutes, en remuant de temps à autre. Ajouter les haricots et les olives; remuer pour bien enrober.

**1 portion :** 40 cal (25 cal provenant des lipides); lipides 2,5 g (saturés 1 g); chol. 5 mg; sodium 170 mg; glucides nets 3 g; quantité tot. de gluc. 5 g (fibres 2 g); prot. 1 g | **% de l'apport quotidien :** vit. A 10%; vit. C 2%; calc. 4%; fer 4% | **échanges :** 1 légume, 1/2 gras | **CHOIX DE GLUCIDES :** 0

**Haricots verts à l'ail**

Glucides **7 g**
Glucides nets **3 g**

préparation :
**20 minutes**

du début à la fin :
**20 minutes**

6 portions

# Légumes verts chauds et épicés

**30 ml (2 c. à soupe) de beurre ou de margarine**

**1 kg (2 lb) de feuilles de chou cavalier, ou d'épinards, grossièrement hachés**

**1 piment Serrano, épépiné et finement haché***

**30 ml (2 c. à soupe) d'oignon finement haché**

**5 à 10 ml (1 à 2 c. à thé) de gingembre râpé**

1 Dans une marmite de 4 l, faire fondre le beurre à feu moyen.

2 Cuire le reste des ingrédients dans le beurre, en remuant souvent, jusqu'à ce que les légumes verts et les oignons soient tendres ; égoutter.

*\* On peut remplacer le piment Serrano par un jalapeno.*

**1 portion :** 70 cal (40 cal provenant des lipides) ; lipides 4,5 g (saturés 2 g) ; chol. 10 mg ; sodium 50 mg ; glucides nets 3 g ; quantité tot. de gluc. 7 g (fibres 4 g) ; prot. 3 g | **% de l'apport quotidien :** vit. A 130% ; vit. C 50% ; calc. 15% ; fer 0% | **échanges :** 1 légume, 1 gras | **CHOIX DE GLUCIDES :** 1/2

4 portions

# Salade aux épinards et au bacon

**4 tranches de bacon coupées en dés**

**50 ml (1/4 tasse) de vinaigre blanc**

**20 ml (4 c. à thé) de sucre**

**1 ml (1/4 c. à thé) de sel**

**0,5 ml (1/8 c. à thé) de poivre**

**1 sac de 283 g (10 oz) d'épinards frais, lavés**

**5 oignons verts de grosseur moyenne, tranchés, soit 75 ml (1/3 tasse)**

1 Dans une poêle de 30,5 cm (12 po), cuire le bacon à feu moyen, en remuant de temps à autre, jusqu'à ce qu'il soit croustillant. Incorporer le vinaigre, le sucre, le sel et le poivre. Bien réchauffer, en remuant constamment, jusqu'à ce que le sucre soit dissous; retirer du feu.

2 Ajouter les épinards et les oignons dans le mélange de bacon. Remuer pendant 1 à 2 minutes ou jusqu'à ce que les épinards soient tombés.

Glucides **8 g**
Glucides nets **5 g**

préparation :
**15 minutes**

du début à la fin :
**15 minutes**

# info-glucides

Pour une touche de douceur et de couleur, remplacez le vinaigre blanc par du vinaigre de framboise, et le sucre par un édulcorant artificiel. Puis, comme touche finale, parsemer la salade de framboises fraîches.

**1 portion :** 80 cal (40 cal provenant des lipides); lipides 4 g (saturés 1,5 g); chol. 5 mg; sodium 330 mg; glucides nets 5 g; quantité tot. de gluc. 8 g (fibres 3 g); prot. 5 g | **% de l'apport quotidien :** vit. A 130%; vit. C 35%; calc. 8%; fer 10% | **échanges :** 1 1/2 légume, 1 gras | **CHOIX DE GLUCIDES :** 1/2

Glucides **7 g**
Glucides nets **5 g**

préparation :
**10 minutes**

du début à la fin :
**10 minutes**

4 portions

# Salade grecque

1 concombre de grosseur moyenne, non pelé

500 ml (2 tasses) d'épinards coupés en bouchées

500 ml (2 tasses) de laitue coupée en bouchées

1 tomate de grosseur moyenne, coupée en croissants minces

1 oignon vert de grosseur moyenne, tranché, soit 15 ml (1 c. à soupe)

75 ml (1/3 tasse) de sauce pour salade César sans gras

50 ml (1/4 tasse) de féta émietté

15 ml (1 c. à soupe) d'olives mûres tranchées

1 Entailler le concombre en glissant les dents d'une fourchette sur sa longueur, puis le trancher.

2 Dans un grand bol, mélanger le concombre avec le reste des ingrédients.

**1 portion :** 60 cal (25 cal provenant des lipides) ; lipides 2,5 g (saturés 1,5 g) ; chol. 10 mg ; sodium 420 mg ; glucides nets 5 g ; quantité tot. de gluc. 7 g (fibres 2 g) ; prot. 3 g | **% de l'apport quotidien :** vit. A 40% ; vit. C 25% ; calc. 10% ; fer 6% | **échanges :** 1 1/2 légume, 1/2 gras | **CHOIX DE GLUCIDES :** 1/2

Salade grecque

Glucides **9 g**
Glucides nets **7 g**

préparation :
**15 minutes**

du début à la fin :
**15 minutes**

8 portions

# Légumes-feuilles au xérès, au bleu et aux fruits

**50 ml (1/4 tasse) de xérès sec ou de jus de pomme**

**30 ml (2 c. à soupe) de vinaigre balsamique ou de vinaigre de vin rouge**

**15 ml (1 c. à soupe) de sucre**

**5 ml (1 c. à thé) d'huile de sésame grillé**

**2 l (8 tasses) de légumes-feuilles mélangés coupés en bouchées**

**1 poire de grosseur moyenne, émincée**

**250 ml (1 tasse) de fraises tranchées**

**1 petit oignon rouge, émincé**

**50 ml (1/4 tasse) de bleu émietté menu, soit 30 g (1 oz)**

1 Dans un petit bol, mélanger le xérès, le vinaigre, le sucre et l'huile, jusqu'à ce que le sucre soit dissous.

2 Dans 8 assiettes à salade, disposer les légumes-feuilles, les morceaux de poire, les fraises et l'oignon. Verser la vinaigrette au xérès sur les salades. Parsemer de fromage.

**1 portion :** 50 cal (15 cal provenant des lipides) ; lipides 2 g (saturés 1 g) ; chol. 0 mg ; sodium 65 mg ; glucides nets 7 g ; quantité tot. de gluc. 9 g (fibres 2 g) ; prot. 2 g | **% de l'apport quotidien :** vit. A 35 % ; vit. C 40 % ; calc. 6 % ; fer 4 % | **échanges :** 1 légume, 1/2 gras | **CHOIX DE GLUCIDES :** 1/2

Légumes-feuilles au xérès, au bleu et aux fruits

# Salade de melon à la lime et à la menthe

375 ml (1 1/2 tasse) de cubes de 1,5 cm (1/2 po) de melon miel Honeydew (1/2 melon de grosseur moyenne)

375 ml (1 1/2 tasse) de cubes de 1,5 cm (1/2 po) de cantaloup (1/2 cantaloup de grosseur moyenne)

5 ml (1 c. à thé) de zeste de lime râpé

45 ml (3 c. à soupe) de jus de lime

30 ml (2 c. à soupe) de feuilles de menthe fraîche, hachées, ou 15 ml (1 c. à soupe) de menthe séchée

5 ml (1 c. à thé) de miel

1 ml (1/4 c. à thé) de sel

1 Dans un bol moyen de plastique ou de verre, remuer tous les ingrédients.

2 Couvrir et réfrigérer pendant 2 heures, ou jusqu'à ce que les ingrédients soient bien froids.

Glucides **9 g**
Glucides nets **9 g**

préparation :
**10 minutes**

du début à la fin :
**2 heures
10 minutes**

# info-glucides

Retranchez des glucides en utilisant un sachet ou deux d'édulcorant artificiel (aucune calorie et moins de 1 g de glucides) au lieu du miel qui contient 21 calories par 5 ml (1 c. à thé) et presque 6 g de glucides.

**1 portion :** 40 cal (0 cal provenant des lipides); lipides 0 g (saturés 0 g); chol. 0 mg; sodium 110 mg; glucides nets 9 g; quantité tot. de gluc. 9 g (fibres 0 g); prot. 0 g | **% de l'apport quotidien :** vit. A 25%; vit. C 50%; calc. 0%; fer 0% | **échanges :** 1/2 fruit | **CHOIX DE GLUCIDES :** 1/2

**Salade de melon à la lime et à la menthe**

Glucides **6 g**
Glucides nets **5 g**

préparation :
**15 minutes**

du début à la fin :
**15 minutes**

4 portions

# Salade de chou à l'asiatique

### Vinaigrette au sésame

**45 ml (3 c. à soupe) de vinaigre de riz ou de vinaigre de vin blanc**

**10 ml (2 c. à thé) de sucre**

**10 ml (2 c. à thé) de graines de sésame, rôties***

**10 ml (2 c. à thé) de sauce soja à teneur réduite en sodium**

**5 ml (1 c. à thé) d'huile de sésame**

**0,5 ml (1/8 c. à thé) de piment rouge broyé**

### Salade de chou

**500 ml (2 tasses) de chou chinois (nappa) coupé en fines lanières, soit 225 g (8 oz)**

**50 ml (1/4 tasse) de dolique bulbeux haché**

**50 ml (1/4 tasse) de poivron vert haché**

**50 ml (1/4 tasse) de carotte grossièrement râpée**

1 Dans un grand bol, mélanger tous les ingrédients de la vinaigrette.

2 Ajouter tous les ingrédients de la salade de chou; remuer.

*\* Pour rôtir les graines de sésame, les faire revenir dans une poêle épaisse non graissée à feu moyen-doux pendant 5 à 7 minutes, en remuant souvent, jusqu'à ce que les graines commencent à colorer, puis en remuant continuellement jusqu'à ce qu'elles soient bien dorées.*

**1 portion :** 40 cal (15 cal provenant des lipides); lipides 2 g (saturés 0 g); chol. 0 mg; sodium 115 mg; glucides nets 5 g; quantité tot. de gluc. 6 g (fibres 1 g); prot. 1 g | **% de l'apport quotidien :** vit. A 50%; vit. C 45%; calc. 4%; fer 4% | **échanges :** 1 légume, 1/2 gras | **CHOIX DE GLUCIDES :** 1/2

Salade de chou à l'asiatique

Glucides **4 g**
Glucides nets **4 g**

préparation :
**10 minutes**

du début à la fin :
**4 heures**
**10 minutes**

6 portions

# Salade de concombre crémeuse à l'aneth

**125 ml (1/2 tasse) de yogourt nature sans gras**

**5 ml (1 c. à thé) d'aneth frais, haché, ou 1 ml (1/4 c. à thé) d'aneth séché**

**2 ml (1/2 c. à thé) de sel**

**0,5 ml (1/8 c. à thé) de poivre**

**2 petits concombres, tranchés, soit 500 ml (2 tasses)**

**1 petit oignon rouge, émincé, les rondelles séparées**

1. Dans un grand bol de verre ou de plastique, mélanger tous les ingrédients.
2. Couvrir et réfrigérer pendant au moins 4 heures pour que les saveurs se mélangent.

**1 portion :** 20 cal (0 cal provenant des lipides); lipides 0 g (saturés 0 g); chol. 0 mg; sodium 210 mg; glucides nets 4 g; quantité tot. de gluc. 4 g (fibres 0 g); prot. 2 g | **% de l'apport quotidien :** vit. A 0%; vit. C 4%; calc. 4%; fer 0% | **échanges :** 1 légume | **CHOIX DE GLUCIDES :** 0

Salade de concombre crémeuse à l'aneth

# Collations et desserts faibles en glucides

Les collations peuvent être un élément important d'un programme amaigrissant parce qu'elles peuvent aider à combattre la faim, ce qui évite les excès lors du repas suivant. Et presque tout le monde cherche encore et toujours une petite douceur pour le dessert! Tout étant une question de choix, vous pouvez combler vos envies avec les nombreux choix qui suivent, chacun contenant environ 9 g de glucides ou moins, et 3 g de lipides ou moins.

## Une petite collation

| Aliments | Quantité | Garniture | Calories |
|---|---|---|---|
| Beurre d'arachide à teneur réduite en matières grasses étalé sur un tronçon de céleri de 5 cm (2 po) | 10 ml (2 c. à thé) de beurre d'arachide | | 70 |
| Bretzel, bâtonnets minces | 20 de 5,5 cm (2 1/4 po) | | 46 |
| Brocoli ou chou-fleur, fleurettes | 125 ml (1/2 tasse) | 15 ml (1 c. à soupe) de sauce pour salade sans gras | 12 sans garniture<br>30 avec garniture |
| Carottes miniatures | 8 | 15 ml (1 c. à soupe) de sauce pour salade sans gras | 22 sans garniture<br>40 avec garniture |
| Concombre tranché | 125 ml (1/2 tasse) | 15 ml (1 c. à soupe) de sauce pour salade sans gras | 7 sans garniture<br>25 avec garniture |
| Fromage cottage écrémé | 125 ml (1/2 tasse) | | 74 |
| Galettes de riz, petites | 4 de 5 cm (2 po) | | 64 |
| Hoummos | 15 ml (1 c. à soupe) | 125 ml (1/2 tasse) de tranches de concombre ou de lanières de poivron | Environ 42 |
| Maïs éclaté à teneur réduite en matières grasses (pour le micro-ondes) | 250 ml (1 tasse) | 5 ml (1 c. à thé) de parmesan à teneur réduite en matières grasses | 27 sans garniture<br>35 avec garniture |
| Melon, pointe | 12,5 x 2,5 cm (5 x 1 po) | Quartiers de lime | 24 avec ou sans garniture |
| Mozzarella fraîche, boules | 4 de 2,5 cm (1 po) | | 213 |
| Mozzarella partiellement écrémée, ficelle | 1 ficelle | | 63 |
| Poivrons tranchés | 125 ml (1/2 tasse) | 15 ml (1 c. à soupe) de sauce pour salade sans gras | 12 sans garniture<br>30 avec garniture |
| Tomates raisins | 5 | 15 ml (1 c. à soupe) de sauce pour salade sans gras | 18 sans garniture<br>36 avec garniture |

## Et pour dessert!

| Aliments | Quantité | Garniture | Calories |
|---|---|---|---|
| Abricot | 1 petit | | 17 |
| Baies | 125 ml (1/2 tasse) | 15 ml (1 c. à soupe) de garniture fouettée congelée | 22 sans garniture<br>28 avec garniture fouettée<br>31 avec crème à café |
| Barre glacée au chocolat, sans gras | 1 | | 26 |
| Bâtonnet glacé à saveur de fruit, sans sucre | 1 | | 13 |
| Cerises Bing | 6 | | 29 |
| Gelée dessert à saveur de fruit, sans sucre | 125 ml (1/2 tasse) | 15 ml (1 c. à soupe) de garniture fouettée congelée sans gras | 8 sans garniture<br>14 avec garniture |
| Raisins | 10 | Trempés dans 15 ml (1 c. à soupe) de crème sure à teneur réduite en matières grasses ou congelés pour une version glacée | 43 sans garniture<br>63 avec garniture |

# « Bonne gestion des glucides » : Valeur en glucides, lipides et calories des aliments courants

Les tableaux qui suivent vous permettront de repérer rapidement la valeur en glucides, lipides et calories de plusieurs aliments usuels.

| Aliments | Quantité | Glucides (g) | Lipides (g) | Calories |
|---|---|---|---|---|
| *Céréales/Haricots/Légumes féculents* | | | | |
| Bagel | 1 gros | | | |
|    Blanc | | 38 | 1 | 95 |
|    Blé entier | | 45 | 0,5 | 210 |
| Céréales prêtes-à-manger, grains entiers, non sucrées | 175 ml (3/4 tasse) | 17 | 1,5 | 83 |
| Courge d'hiver, cuite | 125 ml (1/2 tasse) | 11 | 1 | 47 |
| Crêpes | 2 de 10 cm (4 po) | 27 | 2 | 145 |
| Gaufre | 1 de 11,5 cm (4 1/2 po) | 16 | 4 | 112 |
| Haricots (pinto, rouges, pois chiches), cuits | 125 ml (1/2 tasse) | 22 | 0,5 | 117 |
| Haricots cuits au four | 125 ml (1/2 tasse) | 25 | 1,5 | 124 |
| Maïs, cuit | 125 ml (1/2 tasse) | 16 | 0,5 | 66 |
| Muffin anglais | 55 g (2 oz) | | | |
|    Blanc | | 23 | 1 | 113 |
|    Blé entier | | 29 | 1 | 115 |
| Pain | 1 tranche de 30 g (1 oz) | | | |
|    Blanc | | 14 | 2 | 84 |
|    Blé entier | | 13 | 1 | 69 |
| Pain à hamburger ou à hot-dog | 55 g (2 oz) | | | |
|    Blanc | | 29 | 3 | 162 |
|    Blé entier | | 26 | 2,5 | 139 |
| Patates douces, cuites au four ou bouillies | 1 moyenne | 28 | 0 | 117 |
| Pâtes alimentaires, blanches (macaronis, nouilles, spaghettis), cuites | 250 ml (1 tasse) | 40 | 1 | 197 |
| Petit pain | 1 petit, 30 g (1 oz) | | | |
|    Blanc | | 14 | 2 | 84 |
|    Blé entier | | 13 | 1 | 69 |
| Petits pois, cuits | 125 ml (1/2 tasse) | 11 | 0 | 62 |
| Pomme de terre, blanche, cuite ou four ou bouillie | 1 moyenne | 21 | 0 | 91 |
| Pommes de terre, blanches ou rouges, en purée | 125 ml (1/2 tasse) | 18 | 5,5 | 128 |
| Riz, cuit | 125 ml (1/2 tasse) | | | |
|    Blanc | | 22 | 0 | 103 |
|    Complet | | 22 | 1 | 108 |
|    Sauvage | | 18 | 0,5 | 83 |
| Tortilla à la farine | 1 de 15 cm (6 po) | | | |
|    Blanche | | 13 | 1,5 | 78 |
|    Blé entier | | 9 | 0,5 | 47 |

*suite à la page suivante*

| Aliments | Quantité | Glucides (g) | Lipides (g) | Calories |
|---|---|---|---|---|
| *Fruits/Jus de fruits* | | | | |
| Ananas | 125 ml (1/2 tasse) | 10 | 0,5 | 38 |
| Baies | 250 ml (1 tasse) | | | |
|   Bleuets (myrtilles) | | 20 | 0,5 | 81 |
|   Framboises | | 14 | 0,5 | 60 |
|   Fraises | | 10 | 0,5 | 43 |
| Banane | 1 moyenne | 28 | 0,5 | 109 |
| Cerises | 12 à 15 | 17 | 1 | 73 |
| Kiwi | 1 | 11 | 0,5 | 46 |
| Mangue | 125 ml (1/2 tasse) | 14 | 0 | 54 |
| Melon | 250 ml (1 tasse) | 11 | 0,5 | 49 |
| Nectarine | 1 moyenne | 16 | 0,5 | 67 |
| Orange | 1 moyenne | 15 | 0 | 62 |
| Orange, jus | 125 ml (1/2 tasse) | 14 | 0 | 56 |
| Pamplemousse | 1/2 moyen | 10 | 0 | 38 |
| Pêche | 1 moyenne | 11 | 0 | 42 |
| Pomme, orange ou poire | 1 moyenne | 21 | 0,5 | 81 |
| Prune(s) | | | | |
|   Séchées | 3 | 16 | 0 | 60 |
|   Fraîche | 1 petite | 7 | 0,5 | 30 |
| Raisins | 12 à 15 | 13 | 0,5 | 53 |
| Raisins secs | 30 ml (2 c. à soupe) | 14 | 0 | 54 |

| Aliments | Quantité | Glucides (g) | Lipides (g) | Calories |
|---|---|---|---|---|
| *Produits laitiers/Substituts* | | | | |
| Lait écrémé | 250 ml (1 tasse) | 12 | 0 | 86 |
| Lait 1 % M.G. | 250 ml (1 tasse) | 12 | 3 | 102 |
| Lait 2 % M.G. | 250 ml (1 tasse) | 11 | 5 | 122 |
| Lait entier | 250 ml (1 tasse) | 11 | 8 | 149 |
| Crème à fouetter (35 % M.G.) | 250 ml (1 tasse) | 7 | 88 | 821 |
| Crème 11,5 % M.G. | 250 ml (1 tasse) | 10 | 28 | 315 |
| Crème à café sans gras | 250 ml (1 tasse) | 22 | 3,5 | 143 |
| Lait de soja | 250 ml (1 tasse) | | | |
|   Faible en matières grasses | | 9 | 3 | 90 |
|   Sans gras | | 16 | 1 | 82 |
| Yogourt, aux fraises, à teneur réduite en matières grasses, édulcorant artificiel | 250 ml (1 tasse) | 47 | 3 | 250 |
| Yogourt, aux fraises, à teneur réduite en matières grasses, sucré avec des fruits | 250 ml (1 tasse) | 47 | 3 | 250 |

| Aliments | Quantité | Glucides (g) | Lipides (g) | Calories |
|---|---|---|---|---|
| *Grignotines/Friandises* | | | | |
| Beigne, glacé | 1 de 7,5 cm (3 po) | 20 | 9 | 170 |
| Biscuits Graham | 3 carrés | 16 | 2 | 83 |
| Bonbons durs | 3 ronds | | | |
| Ordinaires | | 18 | 0 | 71 |
| Sans sucre | | 9 | 0 | 23 |
| Brownie ou gâteau, glacé | Carré de 5 cm (2 po) | 32 | 15 | 263 |
| Confiture ou gelée, fraises | 15 ml (1 c. à soupe) | | | |
| Ordinaire | | 14 | 0 | 56 |
| Faible en sucre | | 9 | 0 | 36 |
| Sans sucre | | 3 | 0 | 11 |
| Craquelins salés | 6 carrés | 13 | 2,5 | 80 |
| Craquelins, collation | 4 ou 5 craquelins | | | |
| Blanc | | 9 | 4,5 | 81 |
| Blé entier | | 14 | 3,0 | 91 |
| Crème glacée, extra, vanille | 125 ml (1/2 tasse) | | | |
| Allégée | | 17 | 5 | 124 |
| Sans sucre | | 12 | 4 | 99 |
| Allégée sans sucre | | 14 | 5 | 112 |
| Crème-dessert, chocolat | 125 ml (1/2 tasse) | | | |
| Ordinaire | | 28 | 3 | 149 |
| Sans sucre | | 13 | 3 | 90 |
| Croustilles, pommes de terre ou tortilla | 10 à 15 croustilles | 17 | 6,5 | 136 |
| Gelée dessert, parfumée | 25 ml (1/2 tasse) | | | |
| Ordinaire | | 39 | 0 | 162 |
| Sans sucre | | 1 | 0 | 8 |
| Muffin, bleuets | 1 gros | 33 | 7 | 207 |
| Sucre | 15 ml (1 c. à soupe) | | | |
| Cassonade | | 13 | 0 | 52 |
| Sucre granulé | | 13 | 0 | 48 |
| Miel | | 17 | 0 | 64 |
| Sirop à saveur d'érable | | 15 | 0 | 55 |
| Édulcorant NutraSweet® | | 9 | 0 | 37 |
| Édulcorant sans calories Splenda® | | 0 | 0 | 0 |
| Tablette de chocolat, format goûter | 30 g (1 oz) | 17 | 8,5 | 145 |
| Yogourt glacé sans sucre, vanille | 125 ml (1/2 tasse) | | | |
| Faible en gras | | 18 | 2 | 103 |
| Sans gras | | 18 | 0 | 83 |
| Yogourt glacé, vanille | 125 ml (1/2 tasse) | | | |
| Faible en gras | | 29 | 2 | 149 |
| Sans gras | | 23 | 0 | 108 |

*suite à la page suivante*

| Aliments | Quantité | Glucides (g) | Lipides (g) | Calories |
|---|---|---|---|---|
| *Légumes (non féculents)* | | | | |
| Asperges, cuites | 125 ml (1/2 tasse) de morceaux | 4 | 0,5 | 25 |
| | 8 pointes | 4 | 0,5 | 25 |
| Aubergine, cuite | 125 ml (1/2 tasse) | 3 | 0 | 14 |
| Betteraves, cuites | 125 ml (1/2 tasse) | 8 | 0 | 37 |
| Brocoli, fleurettes | 250 ml (1 tasse) crues | 5 | 0,5 | 25 |
| | 125 ml (1/2 tasse) cuites | 5 | 0 | 26 |
| Carottes, miniatures | 125 ml (1/2 tasse) crues | 8 | 0 | 33 |
| | 125 ml (1/2 tasse) cuites | 8 | 0 | 35 |
| Céleri, cru | 1 branche moyenne | 1 | 0 | 6 |
| Champignons | 250 ml (1 tasse) crus, entiers | 4 | 0,5 | 24 |
| | 125 ml (1/2 tasse) tranchés, cuits | 4 | 0,5 | 21 |
| Chou vert, râpé | 125 ml (1/2 tasse) cru | 4 | 0 | 18 |
| | 125 ml (1/2 tasse) cuit | 3 | 0,5 | 17 |
| Chou-fleur, fleurettes | 250 ml (1 tasse) crues | 5 | 0 | 25 |
| | 125 ml (1/2 tasse) cuites | 3 | 0 | 17 |
| Concombre, cru | 125 ml (1/2 tasse) | 1 | 0 | 7 |
| Courgette | 250 ml (1 tasse) crue | 3 | 0 | 16 |
| | 125 ml (1/2 tasse) cuite | 4 | 0 | 14 |
| Épinards | 250 ml (1 tasse) crus | 1 | 0 | 7 |
| | 125 ml (1/2 tasse) cuits | 5 | 0 | 27 |
| Haricots verts, cuits | 125 ml (1/2 tasse) | 4 | 0 | 19 |
| Laitue, iceberg ou romaine | 250 ml (1 tasse) | 1 | 0 | 7 |
| Pois mange-tout | 250 ml (1 tasse) crus | 4 | 0 | 25 |
| | 125 ml (1/2 tasse) cuits | 6 | 0 | 34 |
| Tomate | 1 petite, 6,5 cm (2 1/2 po) | 4 | 0,5 | 19 |

| Aliments | Quantité | Glucides (g) | Lipides (g) | Calories |
|---|---|---|---|---|
| *Mets composés* | | | | |
| Burrito, bœuf haché, tortilla à la farine | 17,5 cm (7 po) de long | 29 | 8,5 | 243 |
| Burrito, haricots, tortilla à la farine | 17,5 cm (7 po) de long | 44 | 7,5 | 281 |
| Chili au bœuf haché | 250 ml (1 tasse) | 26 | 8,5 | 250 |
| Hamburger avec pain | 7,5 cm (3 po) de diamètre | 29 | 16 | 360 |
| Lasagne au bœuf haché | Morceau de 10 x 7,5 cm (4 x 3 po) | 32 | 18 | 407 |
| Macaronis au fromage | 250 ml (1 tasse) | 48 | 18 | 400 |
| Pizza, croûte épaisse (fromage) | 1/8 d'une pizza de 30,5 cm (12 po) | 12 | 7,5 | 142 |
| Pizza, croûte mince (fromage) | 1/8 d'une pizza de 30,5 cm (12 po) | 8 | 4 | 90 |
| Salade de pâtes ou de pommes de terre | 125 ml (1/2 tasse) | 16 | 11,5 | 170 |
| Sauce Alfredo, du commerce | 125 ml (1/2 tasse) | 8 | 38 | 408 |

| Aliments | Quantité | Glucides (g) | Lipides (g) | Calories |
|---|---|---|---|---|
| *Mets composés (suite)* | | | | |
| Sauce pour spaghettis ou pâtes alimentaires (rouge), du commerce | 125 ml (1/2 tasse) | 23 | 4 | 127 |
| Soupe | 250 ml (1 tasse) | | | |
| Bœuf et orge | | 14 | 1,5 | 96 |
| Bière et fromage | | 16 | 11,5 | 227 |
| Poulet et nouilles | | 9 | 2,5 | 76 |
| Poulet et riz sauvage | | 9 | 2,5 | 77 |
| Pois cassés | | 26 | 3,5 | 181 |
| Tomates | | 18 | 2,0 | 92 |
| Sous-marin avec jambon, dinde et salami ou bœuf et fromage | 15 cm (6 po) de long | 43 | 11,5 | 364 |
| Taco, coquille dure, garniture au bœuf haché | 1 | 10,5 | 7,5 | 138 |

# Tableau-navigateur de recettes — pour repérer rapidement leur valeur en glucides !

Voici un tableau qui montre au premier coup d'œil la quantité totale de glucides de chacune des recettes de ce livre. Classée selon les repas, l'ordre du service ou les occasions, cette liste pratique vous permettra de combiner les recettes pour répondre à votre programme personnel de réduction des glucides.

| Catégories de recette et noms de recette | Quant. tot. de gluc. par portion |
|---|---|
| **Hors-d'œuvre et collations** | |
| Billes de fromage enrobées de basilic frais | 0 |
| Bouchées au poulet et au jambon | 0 |
| Boulettes de viande épicées | 0 |
| Champignons farcis au gorgonzola et aux noisettes | 0 |
| Cocktail de crevettes épicées à la thaïe | 0 |
| Crevettes au gingembre | 0 |
| Bombe au saumon facile à préparer | 1 |
| Olives sautées | 1 |
| Bouchées à l'avocat et au crabe | 2 |
| Kebabs pré et marée | 2 |
| Nachos aux crevettes | 2 |
| Poivrons en nachos | 2 |
| Gougères au parmesan avec sauce marinara | 3 |
| Roulés au fromage style nachos | 3 |
| Triangles au bleu et aux poires | 3 |
| Amuse-gueule étagé aux légumes et à l'aïoli | 4 |
| Bouchées au bacon et à la dinde | 4 |
| Minitartes à la grecque | 4 |
| Pilons de poulet piquants | 4 |
| Tartinade au maïs et à l'olive | 4 |
| Trempette aux haricots noirs et aux chipotles | 4 |
| Bruschetta aux poivrons rouges | 5 |
| Trempette à l'artichaut et à l'asiago | 5 |
| Kebabs au poulet glacés à l'érable | 6 |
| Hoummos | 8 |
| Trempette de fruits à l'ananas et à la lime | 8 |
| Bruschetta aux tomates séchées et au bacon | 9 |
| Satés au poulet | 9 |
| Quesadillas aux épinards et au féta | 10 |
| Crostini au filet de porc épicé | 11 |
| **Petit déjeuner** | |
| Frittata italienne savoureuse | 2 |
| Frittata printanière | 6 |
| Frittata-pizza | 6 |
| Quiche au jambon et au fromage suisse incroyablement facile à préparer | 11 |
| Carrés à la saucisse épicée pour le petit déjeuner | 15 |
| Omelette asiatique | 15 |
| Bagels au jambon au miel | 18 |
| Casserole de chiles verts, d'œufs et de pommes de terre, cuite au four | 18 |
| Œufs brouillés aux pommes de terre et au basilic | 18 |
| Casserole de jambon, d'asperges et de fromage, cuite au four | 19 |
| Gaufres au blé entier | 19 |
| Œufs pochés aux légumes | 19 |
| Œufs sur muffins anglais pour le brunch | 19 |
| **Déjeuner ou dîner** | |
| **Viandes** | |
| Biftecks de surlonge et sauce dijonnaise au bacon | 0 |
| Côtelettes d'agneau à la moutarde | 0 |
| Côtelettes de porc style Sud-Ouest | 0 |
| Filet de porc rôti à l'italienne | 0 |
| Biftecks grillés aux fines herbes | 1 |
| Porc à l'ail et au basilic | 1 |
| Bœuf au jus, style grilladerie | 2 |
| Filet de bœuf aux trois poivres | 2 |
| Hamburger géant au four | 5 |
| Veau et asperges | 5 |
| Biftecks avec sauce relevée au poivre | 6 |
| Pain de viande | 6 |
| Filet mignon savoureux | 7 |
| Biftecks et légumes italiens | 9 |
| Côtelettes de porc panées | 9 |
| Agneau avec sauce crémeuse à la menthe | 10 |
| Biftecks style suisse | 10 |
| Porc avec sauce riche aux légumes | 10 |
| Bavette au gingembre | 11 |
| Bœuf aux poivrons épicé | 11 |
| Tranches de porc caramélisées | 12 |
| Bœuf et légumes nourrissants | 13 |

| Catégories de recette et noms de recette | Quant. tot. de gluc. par portion |
|---|---|
| Ragoût de bœuf, façon bolognaise | 13 |
| Côtelettes de porc au miel et au citron, à la grecque | 14 |
| Hamburgers dijonnais grillés | 14 |
| Filet de porc, style caraïbe | 15 |
| Côtelettes de porc au miel et à la moutarde | 19 |
| Médaillons de porc et sauce chaude aux ananas | 19 |

## Déjeuner ou dîner

### Poulet et dinde

| | |
|---|---|
| Poulet au basilic et au prosciutto | 0 |
| Poulet poêlé | 0 |
| Poitrines de poulet au citron et au thym | 1 |
| Poulet balsamique | 1 |
| Poulet au sésame et au gingembre | 2 |
| Poulet en sauce relevée | 4 |
| Poulet à l'origan, cuit au four | 7 |
| Poulet croustillant aux fines herbes, cuit au four | 7 |
| Poulet au marsala | 8 |
| Poulet en papillote à l'italienne | 8 |
| Poulet en sauce aux olives et au vin | 8 |
| Salade BLT au poulet Sud-Ouest | 8 |
| Salade de poulet à l'italienne | 8 |
| Kebabs de poulet, style caraïbe | 9 |
| Poulet croustillant à l'ail | 9 |
| Suprêmes de dinde et jardinière de poivrons | 9 |
| Dinde à la moutarde et au miel avec pois mange-tout | 10 |
| Poulet à la thaïe avec relish au concombre et à l'oignon rouge | 10 |
| Poulet aux herbes et aux champignons sauvages | 10 |
| Poulet grillé aux agrumes | 10 |
| Poulet à la marocaine | 11 |
| Croquettes de poulet frites au four | 12 |
| Poulet et riz festifs | 14 |
| Salade de poulet, fraises et épinards | 14 |
| Kebabs de poulet teriyaki | 15 |
| Poulet à la salsa, facile à préparer | 15 |
| Sauté de poulet et de légumes du jardin | 15 |
| Fricadelles de dinde avec relish au maïs et aux tomates, style californien | 16 |

## Déjeuner ou dîner

### Poisson et fruits de mer

| | |
|---|---|
| Crevettes et pétoncles parfumés | 2 |
| Darnes de flétan au citron et à l'ail | 2 |
| Galettes de poisson blanc et de crevettes | 2 |
| Darnes de thon marinées et sauce au concombre | 3 |

| Catégories de recette et noms de recette | Quant. tot. de gluc. par portion |
|---|---|
| Sébaste au parmesan | 3 |
| Bar au gremolata | 6 |
| Salade d'épinards et de crevettes avec sauce chaude au bacon | 7 |
| Saumon grillé, glacé à l'orange et à la moutarde | 7 |
| Thon poêlé à l'orange et à l'aneth | 7 |
| Vivaneau grillé à la créole | 7 |
| Crevettes sautées à la manière du Sud-Ouest | 8 |
| Vivaneau avec salsa à la mangue | 11 |
| Tacos au poisson grillé | 13 |
| Kebabs aux crevettes | 15 |
| Barbotte en croûte à la semoule de maïs | 16 |

## Déjeuner ou dîner

### Plats végétariens

| | |
|---|---|
| Crêpes à la courgette | 2 |
| Quiche aux épinards, facile à préparer | 9 |
| Quiche aux légumes, incroyablement facile à préparer | 11 |
| Tourte à l'aubergine et au gouda | 11 |
| Crème de brocoli | 12 |
| Soupe aux gros morceaux de tomate et de légumes | 12 |
| Ragoût de légumes parfumé | 13 |
| Kung Pao végétarien | 16 |
| Aubergine au parmesan | 18 |
| Pizza au fromage préférée de la famille | 18 |
| Salade de légumes du jardin | 18 |
| Casserole de riz aux légumes | 19 |
| Roulés à la salade César | 19 |

## Mets d'accompagnement

| | |
|---|---|
| Pois mange-tout au sésame | 4 |
| Salade de concombre crémeuse à l'aneth | 4 |
| Tranches de tomate à l'estragon | 4 |
| Haricots verts à l'ail | 5 |
| Asperges avec sauce à l'érable et à la moutarde | 6 |
| Salade de chou à l'asiatique | 6 |
| Légumes champêtres grillés | 7 |
| Légumes verts chauds et épicés | 7 |
| Salade grecque | 7 |
| Salade aux épinards et au bacon | 8 |
| Sauté aux trois poivrons | 8 |
| Légumes-feuilles au xérès, au bleu et aux fruits | 9 |
| Salade de melon à la lime et à la menthe | 9 |

# Informations nutritionnelles et culinaires utiles

## Recommandations alimentaires

Nous présentons la valeur nutritive de chacune des recettes, ce qui inclut les calories, les lipides, le cholestérol, le sodium, les glucides, les fibres et les protéines. Les choix alimentaires personnels peuvent se fonder sur cette information.

> Apport quotidien recommandé par le secrétariat américain aux produits alimentaires et pharmaceutiques (FDA) dans le cadre d'une diète de 2 000 calories.
>
> | | |
> |---|---|
> | **Lipides** | **Moins de 65 g** |
> | **Lipides saturés** | **Moins de 20 g** |
> | **Cholestérol** | **Moins de 300 mg** |
> | **Sodium** | **Moins de 2 400 mg** |
> | **Quantité tot. de glucides** | **300 g** |
> | **Fibres alimentaires** | **25 g** |

### Règles de calcul de la valeur nutritive

- Lorsqu'il y a plusieurs produits proposés, c'est le premier qui est retenu, par exemple dans « 75 ml (1/3 tasse) de crème sure ou de yogourt nature ».
- Lorsqu'il y a une échelle de quantités pour un ingrédient, c'est la première quantité qui est retenue, par exemple dans « 1 poulet à griller et à frire de 1,5 à 1,8 kg (3 à 3 1/2 lb), coupé en morceaux ».
- Lorsqu'il y une échelle de portions, c'est le premier chiffre qui est retenu, par exemple dans « 4 à 6 portions ».
- Les ajouts facultatifs (« si désiré ») et les variantes possibles ne sont pas inclus, lorsqu'une recette propose par exemple de « saupoudrer de cassonade, si désiré ».
- Seule la quantité de marinade ou d'huile à frire qui est estimée être absorbée par les aliments durant la préparation ou la cuisson est retenue.

### Ingrédients utilisés pour tester les recettes et calculer la valeur nutritive

- Les ingrédients utilisés lors des essais sont ceux que l'on retrouve principalement dans les foyers : gros œufs, lait 2 % M.G., bœuf haché maigre à 80 %, bouillon de poulet en conserve prêt à utiliser, et margarine contenant au moins 65 % M.G.
- Sauf mention contraire, les produits sans gras, à teneur réduite en matières grasses ou à teneur réduite en sodium n'ont pas été utilisés.
- Sauf mention contraire, le shortening (végétal) solide a été utilisé pour graisser les moules, et non le beurre, la margarine, un enduit antiadhésif ou une émulsion à base d'huile végétale, puisqu'ils peuvent faire coller les aliments.

## Équipement utilisé pour tester les recettes

Pour nos essais, nous utilisons les ustensiles que la majorité des consommateurs utilisent à la maison. Si un ustensile précis (tel un fouet) est requis pour réussir une recette, cela est mentionné dans la recette.

- Une batterie de cuisine sans revêtement antiadhésif a été utilisée, sauf mention contraire.
- Les plats allant au four n'étaient pas de couleur foncée ou noire, ni isolés.
- Les moules utilisés dans les recettes sont faits de métal ; un plat de cuisson pour le four ou une assiette à tarte sont faits en verre allant au four.
- Lorsqu'un mélangeur à main électrique est utilisé pour mélanger, une vitesse est précisée dans les étapes de préparation. Lorsqu'aucune vitesse n'est mentionnée, une cuillère ou une fourchette a été utilisée.

## Glossaire des termes de cuisine

**Battre :** mélanger vigoureusement les ingrédients avec une cuillère, une fourchette, un fouet, un mélangeur à main ou un mélangeur sur socle jusqu'à consistance souple et homogène.

**Bouillir :** chauffer un liquide jusqu'à ce que les bulles crèvent d'une manière soutenue à la surface et que de la vapeur s'échappe. Pour une forte ébullition, les bulles doivent se former rapidement.

**Cubes :** couper en cubes de 1,5 cm (1/2 po) ou plus.

**Dés :** couper en cubes de 1,5 cm (1/2 po) ou moins.

**Graisser :** frotter la surface interne d'un moule avec du shortening, à l'aide d'un pinceau à pâtisserie, d'un morceau de papier ciré ou d'essuie-tout, pour empêcher les aliments de coller durant la cuisson (pour faire des casseroles par exemple).

**Hacher :** couper en morceaux irréguliers, gros ou petits, avec un couteau, un hachoir, un mélangeur ou un robot.

**Julienne :** couper en petits bâtonnets, comme des allumettes, à l'aide d'un couteau ou d'un robot (légumes, fruits, viandes).

**Mélanger :** réunir les ingrédients en remuant selon la méthode de son choix jusqu'à ce qu'ils soient bien intégrés.

**Mijoter :** cuire dans un liquide juste au-dessous du point d'ébullition, sur la cuisinière, habituellement après réduction du feu consécutive à l'ébullition. Les bulles se formeront lentement et crèveront juste sous la surface.

**Râper (légumes, fromage) :** frotter l'aliment contre la râpe pour obtenir de petites lanières (un fromage par exemple) ou l'émincer au couteau (du chou par exemple).

**Râper (zeste d'agrumes, chocolat) :** frotter l'aliment contre les trous fins de la râpe pour obtenir de menus filaments.

**Remuer :** mélanger les ingrédients jusqu'à consistance homogène. Remuer une fois ou deux pour « remuer de temps à autre », plus fréquemment pour « remuer souvent » et de façon soutenue pour « remuer continuellement ».

**Remuer (la salade) :** brasser en soulevant délicatement les ingrédients (telles des feuilles de laitue) afin de les mêler ou de les enrober uniformément.

**Sauter :** Faire revenir les aliments dans l'huile ou la margarine chaudes à feu moyen-vif, en remuant et retournant souvent.

# Tables de conversion

## Volume

| Impérial | Métrique Canada | Métrique Australie |
|---|---|---|
| 1/4 c. à thé | 1 ml | 1 ml |
| 1/2 c. à thé | 2 ml | 2 ml |
| 1 c. à thé | 5 ml | 5 ml |
| 1 c. à soupe | 15 ml | 20 ml |
| 1/4 tasse | 50 ml | 60 ml |
| 1/3 tasse | 75 ml | 80 ml |
| 1/2 tasse | 125 ml | 125 ml |
| 2/3 tasse | 150 ml | 170 ml |
| 3/4 tasse | 175 ml | 190 ml |
| 1 tasse | 250 ml | 250 ml |
| 1 pinte | 1 litre | 1 litre |
| 1 1/2 pintes | 1,5 litres | 1,5 litres |
| 2 pintes | 2 litres | 2 litres |
| 2 1/2 pintes | 2,5 litres | 2,5 litres |
| 3 pintes | 3 litres | 3 litres |
| 4 pintes | 4 litres | 4 litres |

## Mesures linéaires

| Pouces | Centimètres |
|---|---|
| 1 | 2,5 |
| 2 | 5,0 |
| 3 | 7,5 |
| 4 | 10,0 |
| 5 | 12,5 |
| 6 | 15,0 |
| 7 | 17,5 |
| 8 | 20,5 |
| 9 | 23,0 |
| 10 | 25,5 |
| 11 | 28,0 |
| 12 | 30,5 |
| 13 | 33,0 |

## Températures

| Fahrenheit | Celsius |
|---|---|
| 32° | 0° |
| 212° | 100° |
| 250° | 120° |
| 275° | 140° |
| 300° | 150° |
| 325° | 160° |
| 350° | 180° |
| 375° | 190° |
| 400° | 200° |
| 425° | 220° |
| 450° | 230° |
| 475° | 240° |
| 500° | 260° |

## Poids

| Impérial | Métrique Canada | Métrique Australie |
|---|---|---|
| 1 once | 30 grammes | 30 grammes |
| 2 onces | 55 grammes | 60 grammes |
| 3 onces | 85 grammes | 90 grammes |
| 4 onces (1/4 livre) | 115 grammes | 125 grammes |
| 8 onces (1/2 livre) | 225 grammes | 225 grammes |
| 16 onces (1 livre) | 455 grammes | 500 grammes |
| 1 livre | 455 grammes | 1/2 kilogramme |

**Note:** Les recettes de ce livre de cuisine n'ont pas été développées ni testées avec les mesures métriques. En convertissant les recettes au système métrique, certaines petites différences qualitatives pourraient être notées.

# Index

Les nombres en *italiques* indiquent des photos